U0051589

UPWARD

BODY.MIND.SPIRIT

身、心、靈，

全面向上提昇！讓自己更好！

心誠事享

比「心想事成」更有效！

李欣頻　著

目錄

《心誠事享》的緣起

在二〇〇七年三月，我在台北的學學文創開了《人生創意課》，當時就是以在網路上流傳的《祕密》影片做為教材，佐以量子物理學的觀點，跟學生講解「創造的法則」。

我還記得第一次看到這影片時，非常驚訝我過去所用的想像創造法，原來有這麼一個專有名詞：「吸引力法則」。巧合的是，我班上的學生謝明憲，早在我還沒介紹這部片之前，就已把此片翻譯成中文上了字幕給他的好友看。後來有一家出版社主編問我《祕密》是否值得出版時，我非但大力推薦此書一定要出，而且預言一定大賣，並推薦謝明憲做為此書的翻譯者（從未翻譯過任何一本書的他，就是「心想事成」的最佳示範者）……後來這本書在二〇〇七年七月上市後銷售百萬冊，突破了台灣出版界的紀錄，在大陸也賣得非常好！

我還記得當謝明憲成功取得翻譯此書的工作時，他問我：「老師，妳沒有覺得這本《祕密》怪怪的嗎？有些道理似是而非，而且誤導人的地方還不少。」我說：「我知道啊，但因為現在很多人都在悲觀的氛圍中，總得要有一本簡單易懂，而且還有影片講解的書，讓絕大多數的人從負面的慣性中脫身，正負能量先取得階段性的平衡後，才能往上拉到更高的層次繼續探索。這本書就目前的局勢來看：利多於弊，所以還是要先出版。」

幾年過去了，自己也從《祕密》的推薦者，到自己親身實驗「吸引力法則」，至今已經有滿滿的心得可以跟大家分享。基本上《祕密》算是一本鼓勵大家正面思考、相信自己創造力的好書，而它階段性的任務也做得非常好：讓很多人開始反轉悲觀的視點，努力往正面的方向去努力，而我自己也是「吸引力法則」的成功實踐者，讓我順利吸引到免費的杜拜帆船酒店之旅、順利進了北京大學博士班並同時教書……以及大大小小無可數計的驚喜、奇蹟與禮物，可謂是此生中影響我最深的十本書之一。

但就如同一開始我跟謝明憲的看法一樣，知道這本書有很多說不清楚、觀點互相矛盾的地方，主因是這本書的作者太多，每位作者分屬不同的領域與層次，這麼多觀念全合進一本書，難免會有前後立場不一、用字與觀點有差異的狀況發生，這些地方就是許多人在實踐吸引力法則時失敗的原因之一。這幾年來我持續在心靈修行的路上探索不懈，《祕密》書中隱藏的許多問題也一一浮現，再加上我看到一些《祕密》的副作用開始發生，在我實際應用多年的「吸引力法則」後，直到我決定放掉這法則時，我才真正做到「心未想事已成」，並享受「活在當下」的大圓滿狀態！於是決定把自己親身領悟的心得，整理成《心誠事享》跟大家分享：《祕密》有哪些地方容易被誤導、誤讀，並如何修正，希望所有看過《祕密》的讀者，不再被該書的框架侷限住廣大的創造力，自「正面思考」的緊箍咒中解脫，並繼續往更高的層次走：**心想事成→事成心想→心誠事享**，開始自由創造我們無法預期的人生！

第一點

正面思考≠正面感覺

真正啟動「弦能量線」的，並非你在想什麼，而是你在感覺什麼！

這本《祕密》一開始，就以作家包伯・普克特（Bob Proctor）的一句話：「你生命所發生的一切，都是你吸引來的，它們是被你心中所抱持的『心像』吸引而來，它們就是你所想的，不論你心中想什麼，你都會把它們吸引過來。」以及書中在〈祕密的揭露〉這篇提到：「吸引力法則說：『同類』會吸引『同類』，因此當你腦中出現一個思想，也會吸引其他同類的思想過來。」據我所體悟的是，「心像」或是「思想」並非啟動吸引力法則的關鍵，**「感覺」與「情緒」才是**。

在進一步闡述以上觀點之前，我們先來簡單認識現在最熱門的：量子物理學。長期以來，巨觀的牛頓力學與微觀的量子物理學對立，形成了「用牛頓力學解釋廣宇宙」與「用量子物理學解釋微宇宙」分道揚鑣的情形，於是「弦理論」的興起，解決了這兩個理論之間的縫隙。

量子物理學的進化版：弦理論，依據日本物理學家加來道雄所述：一九六八年由物理學家維納齊亞諾（Gabriele Veneziano）發現的，他本來是要尋找能夠描述原子核內強作用力的數學函數，在一本老舊的數學書裡，他找到了有兩百年之久的β函數（Euler Beta Function），這函數能夠描述他所要求解答的強作用力，但不久之後，美國理論物理學家李奧納特・蘇士侃（Leonard Susskind）發現，這函數可理解為：一小段類似橡皮筋那樣，可扭曲抖動的、有彈性的「能量弦線」，而各種粒子彼此之間的差異，只是這弦線抖動的方式和形狀的不同而已，這在日後則發展成「弦理論」。弦是世界上所有物質的最基本結構，大到星際、銀河，小到電子、質子，以及夸克這一類的基本粒子，都是由「能量線」所組成的。我們可以把整個宇宙看成一首氣勢恢宏的弦樂交響曲（加來道雄，二〇一〇）。

弦理論的發現，等於是「能量形成物質」非常有力的科學證明：各種能量弦匯聚成不同的實體物質（粒子）。真正創造萬事萬物的最基本元素，深究到底就是一個正在振動的弦，這「弦」就是我們常講的「振動頻率」，即是我們講的「感覺」、「情緒」、「能量」、「磁場」，而非「心像」、非「思想」。我舉個例子，如果有人很想要有一部跑車，如《祕密》影片所示範的：他觀想自己正在駕駛一部跑車，但如果他內心底層的感覺是懷疑的，就算他假裝很愉快地開著虛擬的車子，這「心像」或「思想」還是無法產生對應的「振動頻率」，否則一堆正在線上遊戲駕駛跑車的玩家，豈不一一都變成了跑車車主？

《祕密》書中，喬．維泰利博士在〈強效的方法〉這篇提到：「此時，這全像式的體驗是如此地真實，甚至你連真的車子也不需要，因為你感覺自己已經擁有了它。」這部分是很多人難搞懂的，什麼叫作「體驗如此真實，甚至你連真的車子也不需要」？以前我的理解是，只要你虛擬自己在一部跑車上，用細微的感官想像力去感覺車速、風、眼前道路……興奮愉快到：即使沒有這車子也一樣過癮，這種「逼真的想像力」才是吸引一部跑車之源，但後來我實驗了非常多類似的例子，發現很難精準地吸引某一件特定物品，書中幾個「成功吸引特定人事物」的個案可說是特例，雖然我自己也實驗成功了：免費入住杜拜七星級帆船酒店、被邀去雲南香格里拉等等，但可以很輕易地吸引一連串類似的感覺，包括我去豪華VILLA體驗徹底放鬆，事實上並沒有為我吸引來這棟相同的VILLA，而是創造出一連串演講或是廣告代言的出差機會，住宿之地大多是可以享受頂級SPA的度假飯店。

也就是說，**真正啟動「弦能量線」的，並非你在想什麼，而是你在感覺什麼；**重點不在「心像」與「思想」為何，因為同一個「心像」或是「思想」會有上千萬種不同的感覺情緒，**關鍵點在於「感覺情緒」為何，因為「感覺情緒」才是振動頻率。**這就是為何《祕密》書中的約翰．亞薩拉夫（John Assaraf）說：「思想有它的頻率。」這句話要佐證作家麥克．杜利所說：「藉由吸引力法則，你的思想變成生活中的實物。」時，出現了問題，這也是許多人努力「心想」卻事不成的原因，因為許多讀者以為只要「想」自己要的人事物就行了，卻忘了「情緒感覺」比你所想的事物重要太多，甚至你不需要想特定的人事物，你只要將「振動頻率」調成一致，相對應此振動頻率的人事物自然會過來。因此要隨時保持覺察力。

《祕密》書中有一篇〈祕密的運用〉提到：「把自己帶到想要事物的頻率，當到達那個頻率，你想要的就會出現。」以及〈你的祕密〉這篇提到：「你的力量就在你的思想裡。」所以我們現在知道了，不是把自己帶到想要「事物」的頻率，而是想要「感覺」的頻率，**因為你的力量就在你的「感覺」裡。**

一直到《祕密》這本書的中間，傑克．坎菲爾才指出：「其實是

『感覺』在創造吸引的力量，而不是心中的『景象』或『思想』而已，如果你正面思考仍然沒有感受到豐足、愛、喜悅，那就無法產生吸引的力量。」可是《祕密》全書幾乎前大半都是以「心像」或是「思想」做為吸引力法則的啟動力量，如果讀者沒注意到原來還有這樣的區別，那麼前面這些以「思想」或「心像」啟動吸引力法則的文字，就非常容易造成誤讀，這樣的錯誤還包括：「你現在所想的，就在創造你的未來。」以及在〈祕密的揭露〉這一篇中提到：「如果想改變生命中的任何事，就藉由改變你的思想，來轉換頻道和頻率。」現在終於恍然大悟了，不是你所「想」在創造未來，而是你所「感覺」的才能創造未來，因為改變思想並不能等同於改變頻道與頻率，只有改變你的情緒感覺才是創造的關鍵。

舉個例子：很多人想要去旅行，這是很多人的思想，卻為何沒成真？因為很多人「想旅行」的思想伴隨著這樣的感覺：「想旅行？等退休以後有錢有閒再說吧」、「唉！真嫉妒羨慕別人可以去旅行！」……

所以「想要去旅行」的思想，並不能讓他真的可以很快去旅行，而是得看他怎麼在第一時間反應出他對「旅行」這兩字的真正感覺。

當一個人對「旅行」的感覺是：新鮮、自由、愉快，這樣的「振動弦能量」就會創造出與這感覺相應的一連串機會；如果這個人對「旅行」的感覺是：「匆忙」、「緊張」，那有可能會創造出「匆忙」、「緊張」的出差到他面前——也就是說，「想旅行的思想」不一定會真的幫你吸引到「旅行」這件事成真，而是你對「旅行」的感覺反應，吸引了相對應的狀態到你面前。

把夢想的感覺範圍拉大，越大越好！

《祕密》書中包伯．道爾提到：「去試開那輛車、去為那房子購買家當、進去那房子裡參觀、盡你所能去產生『現在就已經擁有它』的感覺……會幫你真的吸引它來到。」你得弄清楚：你真正要的不一定是那部車子，而可能要的是速度與自由；你真正想要的不是那棟房子，而是要自己獨處的空間。**你得先搞清楚真正喜歡的是什麼情緒與感覺，讓這感覺自行創造出「對等頻率」的人事物場景。**

換句話說，如果你啟用「吸引力法則」去吸引某一樣特定的人事物，可能會因為沒有成功而感覺失落，這失落反而造成反效果。我的建議是，**要把夢想的感覺範圍拉大，越大越好**。舉例來說，如果你想要某一棟有景觀的大宅，你仔細探究其實喜歡的不是這一棟房子，而是「廣大有視野的居住空間」。所以你可以每天盡可能地去享受「廣大有視野」的感覺與情緒，而不是把自己鎖在「有景大宅」的觀想中，例如：每天找個幾分鐘，到鄰近的公園、山林、草地、河邊、海邊……或是聽一些大自然森林鳥鳴、海浪風聲等冥想音樂或是影片，讓「廣大有視野」成為你每天的真實——**如何精準地預言自己的未來？不動聲色地親手創造出來就是了！**

再舉另個例子。如果你很想要一部跑車，仔細探究真正喜歡的其實只是那種「瞬間加速、馳騁無限、自由自主」的感覺，跑車只是體驗這感覺的眾多媒介之一，於是你就針對這感覺，盡你最大的想像力思考一下，有哪些事物可以帶給你同樣的感覺，例如：到空地或是人少的地方去騎自行車、直排輪、滑板，到海上去衝浪，或是雲霄飛車、高空彈跳、滑翔翼，或是有朋友或公司有跑車來接送你……當你所聯想到的可能性越多，你能創造出「瞬間加速、馳騁無限、自由自主」感覺的機會也越多。也就是說，你並非吸引到你要的事物，而是你要的感覺！

同樣一天二十四小時，你可以竭盡超凡的想像力，在眼前的現實環境中，盡可能以最多時間「創造」並「享受」你喜歡的感覺，這樣比你「一直觀想著一部跑車」來得有意義，因為你就算真的有了那部跑車，害怕開出去會被擦損撞壞所以停在車庫裡，結果還是沒有達到你想要的「瞬間加速、馳騁無限、自由自主」的感覺，反而換來一堆得失心，甚至當又有新的車款出來時，你又產生新的慾望，如此無窮無盡，結果活在相反：「不自由」、「不無限」的狀態裡。

留意每天來到你面前的人事物，這就是你現在的振動頻率！

除了上一段提到如何以你的想像力，在日常生活中主動「創造」出「你喜歡的感覺」，現在我還要提到如何「被動」地觀察出：自己現正處在怎樣的振動頻率中。

之前我在《十堂量子創意課》提到過這個概念：今天吸引了什麼？這就是我所選定的版本！如果我在某一天老是遇到塞車或是迷路，表示自己正處在能量壅塞與心靈迷失的狀態；如果遇到的人都很工作狂，表示我自己正處在不放鬆的狀態；如果家人生病，表示我自己也不健康（《零極限》的概念）；如果有人入侵我的私領域，表示我防衛心太重，對人不夠信任，這防衛引起了別人想入侵的動機，就像電影〈全面啟動〉（Inception）裡心靈傭兵的概念；如果今天老是聽到施工噪音，隱喻著我的心也很躁亂，否則心情應該不會受到影響，就像是「究竟是幡動還是心動」的故事隱喻；如果浴室的排水孔塞住，隱喻著我此時的input太多、output太少，得調整一下流速；如果飛機誤點，表示我想完成目標的時間表，與現實有了落差——今天一整天出現在我面前的人事物、所有外在環境的呈現，都是顯而易見的徵兆，也是我當天心境如實的鏡相，說明我在〈全面啟動〉電梯裡的哪一層，亦清楚標示了我此時此刻的振動頻率為何。

事實上不是外在的人事物讓我們心情好或不好，而是我們心情創造出外在相對應的人事物狀態。你的心情就是最好的創造頻率，這頻率會像漣漪般擴散，與這頻率相對應的人事物，會自動進到這頻率波中，加大這頻率波的顯化力量與速度！

我再舉個切身的例子：我在北京半年期間，每天得請社區管理員幫忙叫計程車，有時非常順利，五分鐘就到了，有時等了半小時卻等不到車，就算發脾氣也沒有用，於是我開始以放鬆愉悅的心態等車，不看錶，享受在等車的過程，彷彿時間停止了——通常在這種狀態，即使是高峰期，車子仍會在五分鐘內抵達（以前在高峰期經常等上半小時，甚至還有車叫到，卻半途被別人攔走了）。所以我會隨時看出現在我面前的外在環境狀態，來檢視自己目前究竟是在哪個振動頻率帶上，因為只有相同振動頻率的人事物，才會被吸引在一起。也就是說，如果平時對你非常好的朋友，今天突然莫名其妙地對你亂發一頓脾氣，但他當天對別人卻還是非常好，那你就要檢討自己究竟是在怎樣的心靈狀態，而不是就地跟他在「同一層」裡開始吵起來。

簡單地說，今天你所遇到的這些人事物，引發你有著怎樣的情緒，就清楚地標明你在哪一層，清楚地顯現你此刻的振動頻率；如果你還有舊情緒，表示還在舊樓層上繼續著你的舊模式。正因為情緒是立即性的、不自覺的，所以就像照妖鏡般地騙不了人、更騙不了自己，當你看到自己還反應著舊情緒，不要急著躲開，要像是照鏡子一樣看到自己的真正狀態，並立即清掃自己，因為情緒就是最準確的指標，如果第一時間躲開了，就像是把鏡子收起來，於事無補。這就是《情緒的驚人力量》所提到的：「情緒會告訴你當下的想法與頻率，是否與自己的本源（Source Self）頻率相符合，當兩者頻率不一致的時候，你的感覺就會變差……當你感覺到愛或喜悅，或者任何正向的情緒，你就是與生命要你成為的『擴展版本』合而為一了，當你感覺到恐懼、憤怒或沮喪，或者任何負面的情緒，這個時候，就表示你的注意力已轉向別的地方，沒有讓自己成為『擴展版本』，你沒有讓自己跟上自我發展的新腳步。」

《十堂量子創意課》亦進一步指出：如果你正在你的夢想之途，現在就會有徵兆告訴你——夢想不是未來的某個定點，而是現在就有沿途閃燈的徵兆；如果你所設的夢想，在今天現況裡沒有任何對應的徵兆，表示這條路的燈都還沒打開，要不就是你又岔錯路了，將來也不會發生。

所以當你把自己置放在你想要的狀態中，你會發現不適合你新狀態的朋友會自動離開，符合你新版本生命的新朋友、新機會開始一一出現。在《十堂量子創意課》提到這個例子：當你準備要去英國留學，而且你現在就已經活在那狀態裡，你會自然而然開始留心所有關於英國的事，包括天氣、新聞、旅遊展等等。如果你想要檢驗你的夢想是否已歸進你的路線頻道？很簡單，就是看你今天是否在不刻意安排的情況下，有意外看到、接觸到關於英國的訊息——檢視每天生命中與夢想相應的徵兆與巧合點，這些點就是你所埋下夢想種子的新萌枝芽。

我再舉個自己的例子：幾年前當我想要到北京大學讀博士，我把報名、應考、入學時間寫進我的記事本計畫之中，其他時間我就過我正常的生活，但我會在睡前回顧並記錄今天是否有出現任何關於北京或是北大的任何訊息，我才能「被動」檢驗自己是否還在那個夢想頻率振動帶上。

誰說「不好的感覺」和「好的思想」不可能同時存在？

在《祕密》書中反覆提到這樣的概念：「『不好的感覺』和『好的思想』是不可能同時存在的……因為感覺正是思想所引發的，如果你感覺不好，那是因為你擁有了會『造成感覺不好』的思想，思想決定頻率。」如果看完前面細緻的分析，你一眼就能看出這段話的問題在哪——誰說：「不好的感覺」與「好的思想」不可能同時存在？隨便舉個例子：「健康」是好的思想吧，但你去問一些久病的人，當他們看到「健康」兩個字，卻有著「不好的感覺」，例如：「健康？那是年輕人的專利！」、「健康？那是廠商拿來騙錢的工具」、「健康？不生病就偷笑了，還奢望什麼健康！」。或是：「熱心助人，善有善報」也是好的正面思考吧，但目前不少人聽到這幾個字，心中跑出來的第一個感覺反應是：「少管閒事以免惹禍上身」……也就是說，「好的思想」和「不好的感覺」是可以同時存在的，而且還經常同時存在，這也就是很多人努力「正面思考」但情況卻沒有改善的原因，因為很多「正面思考」的概念，都被有毒的感覺與情緒污染了，所以就算非常努力「正面思考」，卻伴隨著「負面情緒感覺」，結果更糟。這幾年我親眼看到身邊好友，或是讀者來信告訴我「正面思考」怎麼無效，當我再細問，把他們所條列的「正面思考箴言」冷不防地拿來問他們第一直覺，結果就破功露底餡了。

同理可證，《祕密》書中提到：「感覺美好，卻又同時擁有負面的思想，是不可能的。」以及《祕密》續集《力量》（The Power）提到：「當你想著你想要、你喜歡的事物時，你的思想就是正面的；而當你想著你不想要、不喜歡的事物時，那就是負面思想。」我舉個反例就能推翻上述的論點：對於癮君子而言，吸菸是他喜歡的事，讓他感覺美好，但想吸菸、喜歡吸菸是負面的思想，所以很輕易就能推翻「想著你喜歡的事物時思想就是正面的；感覺美好，卻又同時擁有負面的思想，是不可能的」之說法。

所以「思想正負面」與「感覺正負面」是兩件事，如果沒有一開始就弄清楚，如果你誤以為正面思考就能引來正面人事物，卻忽略了裡面可能藏有負面情緒，吸引力法則反而會創造一些無法預期的、你不想要的後果。

正面思考也有可能引來負面結果！

電影〈全面啟動〉中，男主角的工作就是幫客戶在他競爭對手的腦裡植入想法，他說只要把一個idea放在對方的大腦裡，它自己就會像種子般地開始茁壯、開始蔓延感染；而且他說：你想要植入進對方腦中的想法，一定要藏在「正面」的訊息裡。例如他把「自立自強」的訊息放進大企業接班人的腦中，這樣他就可以解散父親的企業王國，自己獨立創業——可見「正面思考」不一定會帶來正面結果，這讓我們必須更覺知地分辨何謂「正面」？後果為何？

我在《十堂量子創意課》提到自己的例子：自小我母親就教我凡事都不要麻煩別人，好處就是我一向親力親為、獨立完成我所能做的事，壞處就是我總是一個人就把事情做盡了，沒有給別人一起參與的機會，我不但失去非常多與人共事的寶貴經驗、自己也會經常累得半死。等到我發現了這個價值觀（被植入的種子）後遺症後，就開始學會與人一起共同創造、共同完成；我可以做發起者，做開路先鋒，但不一定要堅持走完全程不可，就像大型的計畫不一定要自己從頭做到尾，即使事情到最後不是我完成的，但我一樣可以享受事情被完成的成就感，長程的馬拉松接力賽，也是得眾人分階段才能合力完成。所以我現在開始回想、並一一記錄「父母親、過去老師們的名言錄」，然後把每一句話對我的「好的影響」、「壞的影響」都列出來，當我看到了這些壞的影響時，我就可以有意識地清除它，不讓它再繼續蔓長擋住了我的未來。

建議大家可以檢視自己的大腦，檢查我們自小至今，被放進了哪些種子，然後茁壯成長為哪些藤蔓捆住我們？你可以從自己家庭所灌輸給你「自我」、「感情」、「工作」、「金錢」的價值觀，檢查這些種子至今造成了什麼好的影響、壞的影響？或是列出你最喜歡的事物、歌詞、座右銘、電影、某位名人的故事……現在你要像是清理自家的花園一般，看哪些不良的雜草開始消耗你的土地，讓你自我滋潤度與信心開始不足的是哪些想法？哪些是好的種子已經開花結果，持續讓你有生命活力、樂於付出與感恩的信念是哪些想法？哪些種子已經長成了藤蔓圍籬擋住了你與人、你與資源間的聯繫？甚至擋住了你勇敢向未來冒險的無限可能？

我從眾多讀者的提問中知道，太多人都被綁在父母、學校、社會的價值觀裡動彈不得，包括：「興趣和工作是兩件事，你得先有穩定的工作，以後才能想你的興趣，像是作家、攝影家、藝術家、音樂家都是會餓死的，除非要很有才華，但一定不會是你」，「旅行是奢侈的，有工作、有家的人怎麼可能常常去旅行？」，「我想從事心靈公益的事業，但我得先去賺錢」，「吃得苦中苦，方為人上人」……這些看起來沒什麼錯誤，甚至看起來還挺正面勵志的普世價值觀，卻恰好成了很多人的緊箍咒。那些認為工作與興趣是兩碼子事的人，如果他們去深究眼前以興趣發展出成功事業者的例證，就不會再給自己找藉口。所以我回答這些讀者問題的方式就是：請他們把看似矛盾的兩個選項加在一起，看有沒有範例、有沒有新的出路。所以我們要隨時注意，不要被別人下了種子，做別人價值觀的奴隸而不自知。

我們可以很客觀地說，「吃得苦中苦，方為人上人」既不正面也不負面，只是一個中性的信念，就視你在看這句：「吃得苦中苦，方為人上人」時，你的感覺情緒與第一個浮出來的直覺念頭是什麼，這才是啟動一連串吸引力法則的真正力量來源，因為量子物理學提到：觀察者決定觀察結果。

桂格．布萊登（Gregg Braden）說：「目前的狀態，是我們從量子世界的可能性中所做的選擇，若想要改變任何事物，必須先以新的方式看待它們，也就是在一堆可能性中挑選新的狀態，如此一來，在我們的世界裡，諸多量子潛能中，只有一個可能性會成為我們經歷的真實狀態。諸多可能性中哪一段會成真，似乎取決於觀察者的意識與行動，換句話說，注意力的目標會變成世界的真實狀態。」所以當我們檢視《祕密》的續集《力量》時：「如果你對自己的工作感覺良好，一定會在工作中遇到正面的情境和經驗。」你一眼就能看出這段話的問題，事實應該是：因為你用正面的眼光與態度，面對眼前的人事物，你自然會看到好的那一面，於是眼前的人事物都變成正面，反之亦然。也就是說，沒有所謂「正面」的人事物，所有的人事物都是中性的、未被標籤化的，你心情不同解讀也會不同，而且在不同人的眼中也會有不同的定義：當有人認為正面，一定也有別人認為是負面，所以與吸引力法則無關，而是你用什麼心態眼光看待世界。如果舉一個生活上貼切的實證就是：「這世界上沒有好人或是壞人之別，只有你看待他的方式與對待他的態度，決定了他要在你面前自然而然地成為好人還是壞人。」所以當你用舊情緒經驗去應對同一個人的時候，除非對方改變對你的看法，否則兩人只會一直重蹈覆轍下去！

假裝相信是沒有用的。

在《祕密》書中〈祕密的運用〉這篇提到：「你要如何把自己帶到『相信』的點上？開始『假裝』吧！」我們現在知道，是「感覺與情緒」才能引發相對應的振動創造力，而不是靠頭腦「假裝相信」就能做到的，因為「假裝相信」也有其「情緒振動」頻率：「因為懷疑，所以逼自己相信」，這是一種「懷疑」的振動頻率，自然會引來許多相應的人事物。據我所觀察身邊的人用「假裝相信」來使用吸引力法則多半是不成功的，那是因為假裝是騙不了心的，心才是真正發出頻率的發射站，心的感覺才是如實的振動頻率（可以用O環測試：讓不會說謊的身體告訴你心的實情），除非你真能做到戲假情真，否則這就是許多人心想事不成的主因，心不誠則不靈，那還不如不要「假裝」。

舉個例子來說，有人希望吸引到能與他結婚的伴侶，就算他再怎麼努力想像新娘的長相、結婚典禮的細節，再怎麼假裝開心，再怎麼逼真都沒用，如果當他看到好友結婚時，他第一個跑出來的念頭是「憑什麼他條件比我差卻比我先結婚？應該很快就會離婚吧！」這一個突如其來、擋都擋不住的立即念頭才是他心裡對「結婚」的真正情緒，這才是根本創造的「原力」（the Force），這情緒是用再多「假裝相信」都掩蓋不了潛意識的真實。所以可以用「突發事件」來突擊檢查自己對這夢想真正的感覺情緒是什麼，因為產生「創造」的心弦是完全呼應你內在所有的情緒，當然包括你自己沒覺察到的，你或許可以騙得了自己，但你的心是騙不了宇宙創造的法則。

從現在開始，心未想，事已成

*真正啟動「弦能量線」的，並非你在想什麼，而是你在感覺什麼。不是你所「想」在創造未來，而是你所「感覺」的才能創造未來。

*要把夢想的感覺範圍拉大，越大越好。

*你的心情就是最好的創造頻率，這頻率會像漣漪般擴散，與這頻率相對應的人事物，會自動進到這頻率波中，加大這頻率波的顯化力量與速度！

*沒有所謂「正面」的人事物，所有的人事物都是中性的、未被標籤化的，你心情不同解讀也會不同，而且在不同人的眼中也會有不同的定義。

*假裝是騙不了心的，心才是真正發出頻率的發射站，心的感覺才是如實的振動頻率。

第二點

人們不知自己真正要什麼，於是「心想事成」就成了災難！

當人看不清、狀態不佳時，許願若成真，就是一連串的災難！

因為我們在二元對立的地球上，有光明就有黑暗，有正極就有負極，所以《祕密》這本書當然也不例外，會帶來正也會帶來負——正面的影響是：讓很多人從負面悲觀的泥淖中起身，走向正面積極的人生；負面的影響是：太多人並不知道自己真正要什麼，總是看了別人有了什麼、廣告宣傳什麼讓自己動心的事物，於是依據這個總體社會價值觀來許願，例如：名、利、珠寶、跑車、有錢的伴侶、豪宅（特別是《祕密》影片所舉例的）……結果造成了一些「心想事成」後發現那原來不是自己要的人生災難。

我身邊就有一個深受「吸引力法則」之害的好友，諷刺的是，他自己本身就是推廣「正面思考、吸引力法則」的教育訓練師，他以這法則成功地進入了名校、名企業，吸引了美麗而且有錢的伴侶、生了兩個可愛的小孩、住進妻子家族企業裡的豪宅、享有四個傭人兩位司機、每年出國度假好幾次……但突然在一次偶然的機會認識了一個女孩，他瘋狂地愛上了她，於是之前努力吸引來的「幸福」與「財富」，像是電影〈楚門的世界〉那樣瞬間瓦解，他很想拋妻棄子、上億財產也不要了，他一心只想跟這個女孩在一起，但這女孩的家境清苦，負債好幾千萬，身體也不好，需要龐大的醫藥費……他瞬間陷入了很悲慘的精神狀態與生活處境，他經常問自己，究竟自己到底要的是什麼？自己在吸引什麼？自己在創造什麼？

奧修的《名望，財富與野心：「成功」真正的意義是什麼？》講得非常好：「除非你全然地意識清醒，否則如果你的祈禱實現了，那會是一種懲罰。那些在寺廟、教堂、清真寺、猶太會堂祈禱的人應該多想一下，如果他們的願望成真了，結果會是如何？他們一定會要求收回他們的祈禱，因為所有那些慾望都來自於深沉的無意識，他們不知道那會帶來什麼樣的結果與後果。」之前聽朋友講了一個親身經歷：她想要兩千萬開店金來完成夢想，於是她仿效《祕密》影片中的示範，把自己想要的金額寫在一張支票上，當她一寫好，腦中突然浮出：啊！爸媽正在飛機上，旅遊意外險剛好是兩千萬，所以她當下撕掉了支票，不再許願了。

我另一位同事效仿《祕密》作者母親，以吸引力法則吸引到自己要的房子，但一搬進去卻發現房屋漏水、隔壁鄰居噪音擾人……後來導致夫妻不睦吵著要離婚，但遇到房價下跌房子賣都賣不掉，他只好搬回他剛出社會時的小房子——當人看不清、狀態不佳的時候，許的願如果成真，就會是一連串的災難。

我自己親身經驗更是不可思議。我有個自美國回來的好友，兩人難得見面聊得非常愉快，但兩人大約再一個小時後都各自有會議，我一邊送他到樓下，一邊感嘆：怎麼彼此都這麼忙，如果再能多聊個幾小時該有多好，結果一出大門，冷不防地被一輛不知從哪裡衝出來的摩托車撞上我的腿，於是好友只好馬上取消會議送我去急診室檢查有無大礙，就這樣兩人多相處了快三個小時，並對摩托車是從哪冒出來的還是丈二金剛摸不著頭緒，因為當時我們一人看馬路右邊，一人看左邊，照理說應該沒有視覺死角。後來這件事我學乖了，就是要活在當下，現況是什麼就是什麼，不要亂許願。

《祕密》書中〈祕密的法則〉這篇提到：「你要相信並且知道，你的生命經驗就掌握在你手上，只有好的事物會進到你的生命。」問題就在於：很多人沒有足夠的智慧能判斷何謂「好」的事物，況且何謂好？何謂不好？是在哪個生命階段說了算？以塞翁失馬的例子，一開始認為的悲劇，也得到後來才知道是禍是福。

當人們一開始遇到突來的人事物，往往會用過去的經驗判斷是好是壞，若過去經驗不佳，就會以過去的成見，把現在要來幫助他圓夢的人事物推開，因為吸引力法則告訴他：要專注在自己喜歡的，避開自己不喜歡的，於是資源流不進他。當他沒有足夠長遠的眼光，看到眼前這些人事物與他夢想的關係，就算《祕密》書中提到要「接受」，但若他是心不甘情不願的「接受」，這就創造出「不愉快、不甘願、沮喪失落」的振動頻率，這也是心想事不成的原因之一。

許錯願望了，難怪心想事不成！

《祕密》提到心想事成的三步驟：1.要求、2.相信、3.接受。很多人心想事不成的原因在於：一開始就給錯要求了，或是他／她所提的要求，並不是他／她真正想要的。

我在《14堂人生創意課3：五十個問答+筆記本圓夢學》書中舉一個好友的實例：她一直有不孕的困擾，經檢查後夫妻兩人都沒有問題，因為丈夫是獨子，有傳宗接代的壓力，她很努力試了各種中西醫的方法，也試了「活在自己已經懷孕」的喜悅狀態，但每個月都讓她失望，後來我問她一個問題：「妳從小到大，覺得什麼是最重要的？」她完全不假思索地說：「自由！能夠不被羈絆，想去哪就去哪的自由！」當她冒出這段話，不用我再多說什麼，她自己完全明白，她真正想要的「自由」，與她所許的「懷孕」願望是有違背的，所以當她心底真正想要的是自由時，就會形成自由的振動頻率，如果口頭上的願望不符，就很難成真。

這時候就有人要問了：「我打從心底就熱愛自由，也不打算要有小孩，可是怎麼還是懷孕了？」這就牽涉到你的人生藍圖，究竟打算此生來體驗什麼，這將在第十點會詳述。

無窮無盡的慾望，讓「心想事成」變成了一連串的詛咒！

我們可以看到自己或是身邊人，「圓一個願又許另一個願」無窮無盡的渴望之苦：自己希望早點結婚，等到有了孩子，繼續希望孩子早點結婚；自己考上名校進大企業，繼續希望孩子也能進名校與大企業；自己希望擁有千萬身價，繼續希望伴侶與孩子擁有億萬身價……如果這個願望滿足了，你還想要有下個更大的願望，這就表示前一個願望有問題，否則一個願望就足夠了。

更明白地說，這不是「願望」而是「慾望野心」，因為慾望野心是無窮無盡的無底坑，是越吃越上癮的毒藥，而且經常導致自我毀滅，這樣的例子可以從許多樂透頭彩得主看到範例：美國作家阿比吉爾・亞當斯曾追蹤多名樂透得主，發現他們都在中獎幾年後即散盡千金，吸毒、酗酒、離婚、被綁架殺害……比沒中獎前的生活還慘，這些人寧可自己當初沒中獎，於是阿比吉爾．亞當斯把這些悲慘範例寫成《十大恐怖樂透》，這就是慾望成真的恐怖後果。

奧修曾舉了一個很經典的彌達斯國王（King Midas）的神話故事：這國王祈禱自己所碰到的每一樣東西都成為黃金，當他願望成真，他碰到的食物、水、家人全都變成了黃金……他以為自己將成為全世界最富有的人，但事實上他卻成了連飯都吃不了、所有人都遠離他的可憐之人。當人不知道自己許願後的結果是什麼時，夢想成真就變成了災難，這就是「菩薩畏因、眾生畏果」的道理。

《鑽石途徑：現代心理學與靈修的整合》（Elements of the Real in Man）提到：「當你感受不到自我價值時，你的內心會有一種空空洞洞的感覺，你會感到匱乏、自卑，只想拿外在的價值來填滿這個洞，你會利用別人對你的肯定和讚賞來達到這個目的，你會以虛假的價值來填補這個洞。我們帶著一身的坑洞四處奔忙，卻往往無法察覺到它們。我們通常只能意識到自己的慾望：我想要讚美、我想要成功、我想要這個人的愛、我想要這種或那種經驗。慾望與需求一出現，便暗示著坑洞已經冒出來了……當你和某人建立起深刻的關係時，你就會用那個人來填補你的洞，一旦那個人死亡或是關係結束了，你不會感覺失去了那個人，你感受到的是填補坑洞的東西不見了，感覺喪失了自己的一部分，因為以前被他填滿的洞現在又暴露出來了，這就是你會那麼痛苦的原因。」建議在設下夢想之前，先檢視一下自己是否還有「因空虛而產生的慾望之洞」，請先讓自己充實填滿，把自己拉到生命的主軸，找到自己生命的本體，如此未來才不至於因無止境地追逐慾望而失速偏向。

很多人忘了自己最終到底要什麼！

剛才提到，太多人不知道自己真正要什麼，總是看到別人有了什麼、廣告宣傳什麼讓自己動心的事物，於是依據這個總體社會價值觀來許願，例如：名、利、珠寶、跑車、有錢的伴侶、豪宅、窈窕的身材……其實這些並非是每一個人都需要的，但大家都把努力的焦點、時間精力全都放在這裡，目光視野變得狹隘了，於是產生了競爭之心，偏離了自己獨特的生命道路，把原本屬於個人展現非凡的創造法則，用在競逐相同的目標，真的非常可惜。

《名望，財富與野心：「成功」真正的意義是什麼？》這本書說得很好：「當你開始尋找時，你變得全神貫注，變得封閉狹隘；當你不尋找、不追求的時候，你向四面八方、所有向度、對整個存在都是敞開的。」舉個例子，我有位一起去印度修行的好友，她希望自己能有個一起修行的伴侶，於是她傾全力專注在「吸引」這樣的真愛伴侶到她面前，甚至將「尋找真愛」列為自己修行或是心想事成的祈禱目標，但她忘了自己最終極目的地是「修行到達覺醒的彼岸」，而非伴侶。當她在等一位真愛的靈魂伴侶一起渡河，就像是死守在港邊等一艘名為「靈魂伴侶號」或是「雙生靈魂號」的船把自己運到彼岸，但卻沒看到其實吊橋就在視覺死角處，就在旁邊幾步路，自己走過去也能到彼岸。死心眼地等船，沒去試試水其實不深，只要自己游過去也可以到彼岸，於是一堆傻子就乖乖地等在港邊排隊候船，邊祈禱邊練習真愛吸引力法則，等船等到忘了自己其實最終只是要渡河！還有人一上了船就不下船，隨船來來回回，忘了自己究竟本來想去哪裡，還強占船不讓這船繼續載別人，以為占住了船就占住了彼岸……這些等到上岸了，就全部一目了然。

在愛的關係中修行，許多人總是期盼一次就來一個「對」的真命天子或真命天女，兩人可以一起愛的修行到老，但我們都知道，要等「直達車」通常要等比較久，但區間車很多，所以可以藉著多搭幾趟區間車，藉著每一段關係，一段一段地往自己要去的彼岸跨進，每一個來到你面前的人，都是要帶你往前再穿越一個障礙。雖然《祕密》書中提到「接受」，但如果一般人沒有那樣的視野與想像力，也很難理解並打從心底接受眼前這位不符合標準的對象。所以我建議別坐在車站裡，等著不知何時到站的直達車，勇敢面對每一段感情，不要用「完美高速直達」的標準在等一個「完美的Mr. Right或Ms. Right」，事實上也沒有所謂的「完美愛人」，每一個來到你面前的人身上，一定都有你會喜歡的特質，去接受並享受這些特質，因為每一段關係都是非常寶貴、獨一無二的旅程！

到底為何需要「減重」？美麗不能被典型化！

《祕密》書中〈祕密的運用〉這篇提到：「如果你專注在『減重』上，你就會吸引『必須減更多體重』的想法來……如果某人體重過重，那是起因於他想著『肥胖的思想』，不論那人自己有沒有察覺到，一個人不可能想著『瘦的思想』而同時又是胖的，那完全牴觸吸引力法則。」我相信許多人看過、也實驗過這個方法，排除基因的因素不談，其實許多人會暴食或是過食的原因是出自於對生存的擔憂與恐懼、沒安全感或是對於自我價值的低落，這些都是靈魂非常底層的「能量弦」，如果不是從這幾個非常基本的面向去解決，就算頭腦努力想像自己「已經有完美的體重」，大部分還是失敗的多。

但更重要的是「減重」動機。《兜售夢想的先知》有一段話真是醍醐灌頂：「什麼是典型的美麗？時裝界為了引起人們注意並且增加銷量，把身材完全不同於一般正常體型的年輕人，塑造成美麗的標準。能有多少人有一張瘦削的臉、細腰、挺直的鼻子和細長的脖子？或許一萬個年輕人當中只會有一個。然後時間一久，這些人自然而然就成了大家嚮往的典型之美……少數天生條件優秀的人所具備的美麗要素，現在是想追求美麗的人必備的要件，孩子們喜歡玩身材比例被扭曲的芭比娃娃，青少年把模特兒當作是理想美的標準，有上億名女性誤解了典型之美，甚至不惜傷害自己的身體。這是集體潛意識下多驚人的結果？女人應該有著自己與生俱來獨特且專屬的美麗，美麗不能被典型化！」

你究竟是為了健康而減重？還是為了別人的眼光？為了抓住伴侶的心而減重？如果你是為了他人的目光標準而減，那麼這個世界上永遠都會有個比你更輕盈的人，刺激你再繼續減個幾公斤，或是會有個更清瘦的情敵出現，讓你永遠對自己都不滿意，越減重，心情、精神與健康狀態就更不佳。當你用別人的標準套在自己身上，就像削足適履，怎麼走都怪。要知道你擁有獨一無二之美，就像我們無法把百合花與玫瑰拿來一起選美，究竟是要比三圍還是比胖瘦？大自然裡沒有所謂的「名模鳥」或是「名模花」，當你把自己跟名模的身材比，你永遠都挫敗，因為**你把鮮活的身體當成工廠模組，隨時都會有比你更符合標準的人出來替代你，你唯一能做的就是發揮你獨有之美**，只要身心健康、自信自愛，你就是最有魅力的人。我很喜歡網路上看到的一句話：「你只能做你自己，因為其他角色都有人了！」

在《祕密》中有一篇〈你的祕密〉提到：「『競爭』就是分離感的一個例子，首先，你的競爭思想是起源一個『匱乏』的心理狀態，認為『供應』是有限的，你認為東西不夠分給每個人，因此我們必須競爭，奮戰來獲得東西。」其實「競爭」不只是起源於「匱乏」，而是走錯方向。剛才舉了大自然的例子，照理說人人頭上一片天、腳下一片地，應該是每人自有獨一無二的途徑，但大家都擠到同一個地方搶有限的東西，就忽略了原本在你腳下的那塊地。地下一定有你專屬的資源、能源、水源，當你想要競爭，就表示你走錯路了，我們無法拿著別人的地圖找自己的路，這就是當你想用「吸引力法則」去打敗別人、贏得競爭時，你會經常感到挫折。

從現在開始，心未想，事已成

＊當人看不清、狀態不佳時，許願若成真，就是一連串的災難！

＊在設下夢想之前，先檢視一下自己是否還有「因空虛而產生的慾望之洞」，請先讓自己充實填滿，把自己拉到生命的主軸，找到自己生命的本體。

＊沒有所謂的「完美愛人」，每一個來到你面前的人身上，一定都有你會喜歡的特質，去接受並享受這些特質，因為每一段關係都是非常寶貴、獨一無二的旅程！

＊你唯一能做的就是發揮你獨有之美，只要身心健康、自信自愛，你就是最有魅力的人。

＊心不甘情不願地「接受」，這就創造出「不愉快、不甘願、沮喪失落」的振動頻率，這也是心想事不成的原因之一。

第三點

你想要的，你現在身上就有！

從「未來的自己」看「現在的自己」，找到你現在沒看到的機會點！

還記得《祕密》影片裡，《心靈雞湯》作者傑克・坎菲爾（Jack Canfield）在紙鈔上寫了十萬美金貼在天花板上，每天早上醒來第一眼看著它，想像自己的目標已經完成之後的生活方式，讓自己心想事成的例子嗎？很多人會開始想：「那我也拿張紙鈔寫個數字，我就不相信會成真！」這是此影片最容易讓人誤解「心想事成」的一個部分。

以傑克・坎菲爾為例，當他寫下他要的十萬美金，隔了四星期在一次沖澡時，他突然有了能賺十萬美元的靈感（請注意：以下的陳述），他「突然想到」自己「已經」寫好了一本書，所以他把這兩件事聯想在一起，算一下如果能賣四十萬冊就會有十萬美金，於是他把書拿去出版，甚至所有會讓書有可能賣到四十萬冊的靈感與信心都一一跑到他面前，結果當年他賺了九萬兩千三百二十七元，非常接近他要的目標——書已經寫好在那兒，但之前從來沒有這種想法，如果他沒寫下他要的金錢目標（他想要完成的「未來自己」），他是看不到「現在的他」有怎樣的機會可以瞬間致富，只有當他設下「未來的他」，**從這個「未來的他」看「現在的自己」，他瞬間就能看到了完成目標的可能機會點在哪，而這些機會點早就存在於「現在的自己」之中**，只是之前「現在的他」看不到，只有「未來完成式」的他才看得到。這就是為什麼他只需寫下目標，把自己真實想像在「已完成目標的自己」裡，至於要怎麼完成，他想都不必想，靈光一閃都會在他的眼前接連出現，這路徑絕對不是「現在的他」所能想像的，如果「現在的他」能推想出未來的路徑，他早就不是現在的自己了。

再次強調重點，傑克．坎菲爾的十萬美金夢不是透過中樂透、意外之財而來，而是他本來就「已經」寫好但還沒被他看出價值的書，以前的他看不到自己書的價值（如果他看得到，早就不是現在的他了），現在他透過他的願望之眼，重新發現了這本書的價值。我在《十堂量子創意課》提過：**「現在的你」，早已藏有「未來的你」所需要的一切**。你想要的生活品質與狀態，你現在一定已經俱足有獨立圓夢的條件，不需外求，你只需重新發現過去自己看不到的潛力點，清除通往未來的盲點，看到自己身上已經有的，完全不必外求——當傑克．坎菲爾寫下十萬美金的目標願望時，如果他幻想會有一天有人突然給他錢，或是中大樂透頭彩，那麼他就會忙於找出誰是他的金主、忙於吸引他的金主，或是忙於研究彩券號碼，忙於吸引樂透頭彩，而忽略了他身邊早已有可以完成十萬美金的機會點在哪（那本早就寫好的《心靈雞湯》，怎麼自己之前就沒看到有這麼高的價值），就錯過了你身上原有的機會路徑，這就是為什麼很多人用了跟他一樣的方法卻夢想不成真的理由——這段影片的重點在於：要從「未來的自己」（高維度、制高點）往「現在的自己」（較低維度、低平面）聚焦，往回看你的現有狀況與機會，就能看到自己原有的條件中的新價值，這比中樂透或是盼到意外之財的機率更高、成就感更大，而不是往「外在的人事物」（同樣處在低水準面的人事物）上去搜索可能性。就像史蒂芬・史匹柏的〈戰馬〉（WAR HORSE），只有有慧眼的人能看到牠獨特的價值，但牠連跑都還沒跑呢！

也就是說，並非是你想要多少錢，寫了就有，如果這麼簡單，那麼現在絕大多數人都已經是億萬富翁了。

先做出最獨特、最關鍵的事讓所有人看見你，讓資源從四面八方流向你！

我舉一個身邊好友G的例子。

他很喜歡寫作，也希望有一天能當自由作家，但因為他認為當作家收入不穩定無法養家，於是他考上了高薪的公務員，每個月都有穩定的收入，他如一般人的設定：「等存好退休金後，再圓寫作與旅行的夢」，但這份工作卻占據了他絕大部分清醒的時間，所以他沒有足夠的時間去寫作。

我給他的建議是：不必急著離職去專心寫作，只需做好時間管理，把握工作以外或瑣碎空檔的時間來寫。我跟他說，你要先寫出最關鍵的代表作，例如他最不可思議、超乎凡人的生命經驗，這就是他優先要寫的書，這本書就能讓他一步到位，能為他帶來相應的版稅，比他當公務員更高。等到這本非常具有他獨特風格的書出版，大家看到他、知道他、瞬間成為暢銷書，能見度變高時，很多資源會自動流向他，包括到外地演講的旅行機會，甚至會有出版社願意預付版稅，讓他可以更安心寫作——只要做對、做到這件關鍵的事，高視野加上跳脫原思維框架的想像力與冒險行動力，可以為他省去很多努力的過程，比亂槍打鳥、做一百件瑣碎的事加起來更有效，帶來的資源更大更多。或是有電影公司找他的故事來拍電影，接下來他可以繼續創作以公務員為題材的小說，就像電影〈穿著PRADA的惡魔〉作者，她如果辭掉工作待在家裡寫作，她就寫不出那麼引人共鳴、拍案叫絕的小說。

問題就在於：你是否看到「你該做的這關鍵優先大事」是什麼？而不是如《祕密》書中所說：「只要一直心想著『要更多時間』，時間就綽綽有餘。」如果你不能去蕪存菁，好好把最關鍵的一件大事做到最好，時間再多都是不夠用的。就如同《二〇一二重生預言》作者章成提到：「**時間=能量，當我按照自己的天性步調，如果一樣工作需要十件事配合，我只要做那件最重要的事，另外九件事就會自己跑來組合。如果我開始陷入緊張焦慮，就會變成十件事都需要我自己張羅。**」

《祕密》書中傑克．坎菲爾提到：「你只需看到前方兩百呎的道路就可以了，信任宇宙，要信任、相信、有信心！」這對於視野廣大的人而言是可行的，因為他已有全貌版圖，但大部分的人受限於現在的視野，於是有可能會走向死胡同，或是在迷宮裡繞幾圈都出不來——**從你原來地方到不了你要去的地方，你得從將來你要到的地方的遠處高點，回頭看你現在有哪幾條路徑可達，你可能會意外發現只需離開你的慣性方向，掉個頭或是轉個彎，一下就到目的地。**網路上有個小故事最精闢：一個旅者問路人：「請問從這裡到德里還需多久？」那位路人回答：「如果照你這個方向，要走上一整個地球，但如果你願意掉頭，德里就在你身後。」——當你在高處往下看，發現以前都得走十分鐘的路很曲折去買杯咖啡，沒想到就在你家後巷（而你從未走過）就有一家咖啡館——換個慣性走法，一轉身幾步就到，這得到高點才看得到，否則白繞很大的彎而不自知，但如果你是樂於享受迂迴途徑者，就另當別論。

我經常舉的例子是：幾年前我到南印度喀拉拉體驗阿育吠陀療法，住在海邊的度假療養中心，這中心旁邊有個小漁村，每天清晨，約數十名村裡的男壯丁出海捕魚，他們從一開始祈禱、唱歌振奮士氣、合力撒網，幾個小時後一起拉網回來，攤在岸上卻只有幾隻巴掌大的小魚活蹦亂跳，根本養不活全村這麼多人；然後他們不死心，近中午再繼續出海捕魚，回來的結果依然如此……

我就這樣在岸邊看著：努力又失望的戲碼天天上演。他們很努力，且不懷疑自己一定能豐收的信念，照理說他們應該能享有「正向思考吸引力法則」的豐盛成果，但真實情況是：這些村民過去在這地方努力是有相當回報，但現在全球氣候變化太快、魚群轉向，或是漁貨在其他海域被截走了，導致這個地方網不到魚——這就印證了西元前五百年《六趣輪迴經》（The Wheel of Life）所說的：「一切失敗來自錯誤的認識」，如果少了既高又廣的視野，有些事努力是沒有用的，如果在不對的地方努力，還是一樣沒有收穫。

我們想要成為的狀態，其實現在就已經是了，但我們自己看不到！

這個在網路上流傳的例子，大家應該很熟悉：

一位美國人在海邊村莊的碼頭上漫步，看到一艘小船上有幾條大黃鰭鮪魚。

美國人向漁夫讚美魚的品質，並問他花多久時間捕到這些魚？

漁夫回答說：「只一會兒的工夫。」

美國人接著問：「那爲什麼不在海上待久一點，捕更多的魚呢？」

漁夫說：「這些魚已足夠家人食用。」

美國人又問：「那你其他時間都在做什麼？」

漁夫回答說：「我睡到很晚，釣釣魚，陪孩子玩，和老婆睡個午覺，每晚到村裡喝點酒，跟朋友彈彈吉他，每天都活得很充實。」

美國人嘲弄地說：「我是哈佛企管碩士，可以幫助你。你應該花更多時間捕魚，接著買艘大一點的船，然後買幾艘船，最後擁有捕魚船隊。你不用賣魚給中間商，直接把魚賣給加工廠，到最後，擁有自己的罐頭工廠。然後你可以搬離這個沿海小村莊到墨西哥市、洛杉磯，在那裡擴張事業。」

漁夫問：「但是，先生，那要花多久的時間？」

美國人回答：「大約十五到二十年。」

漁夫說：「然後呢？先生。」

美國人笑著說：「接著就是最棒的了。如果時機好，你可以宣布股票上市，把公司股票賣給大眾，成爲有錢人。」

漁夫說：「成爲有錢人？然後呢？」

美國人說：「然後你就可以退休了。搬到一個小漁村，你可以睡到很晚，釣釣魚，跟孩子們玩一玩，和老婆睡個午覺，每晚遛達到村裡喝點酒，跟朋友們玩玩吉他。」

漁夫說：「這不就是我現在在過的生活嗎？」

在《名望，財富與野心》書中舉了兩個很經典的例子，說明**人們總是不安現狀，老想擴張他的夢想，不知道自己許的願會帶來什麼結果，最後還是回到原處**：一個工人跟天使許願，他想變成一個有錢人；等到他變成了富翁，看到了大批人馬護陣的國王，跟天使許願說想變成國王；等到他變成國王，在巡視時被陽光曬傷，覺得太陽的力量超過他，於是跟天使許願要變成太陽；等到他成了太陽，雲擋在他與地球之間，於是他又想變成雲；等他變成雲、落成雨普降大地，洪水成災卻沖不掉巨石，於是他想變成那顆巨石；等到他變成堅固的大石後，一個鑿石工人過來要開始工作，他又想變成那位鑿石工人——於是他又再度成為鑿石工人，一切回到他當初沒許願前的樣子，但不一樣的是，他已經懂得知足了！

第二個例子是：一位飛行員指著飛機下方的村莊給副駕駛看，說：「當我還是光腳的孩子，我經常坐在那平底船上釣魚，然後每次飛機飛過，我就會抬頭看著上方，夢想自己正在駕著那架飛機，現在我往下看，我卻夢想著自己在釣魚」，這就是在高點看到「原來的自己」已經完美的最好例子。

我們想要成為的狀態，其實現在就已經是了，但我們自己看不到，只是忙著跟大家一起許願、努力追逐。我舉個以前大學同學J的例子：幾年前因為金融風暴，在銀行上班的J無預警地被要求放「無薪假」，他既震驚也很沮喪，完全不肯接受這個殘酷的事實，想利用吸引力法則吸引到新工作。我跟他說：「咦，你以前不是經常抱怨工作太多，沒有時間運動養生、好好陪陪家人，希望早點退休嗎？現在你的夢想時刻到了！」於是他調整心態，把失業的日子過成退休的生活，於是他開始運動、健身，還去圓了他自小以來的夢：向法國米其林餐廳主廚學做甜點。現況是：他開了自己的甜點小舖，生意好得不得了，比他在銀行當理財專員的收入還高。現在他再回首看過去的那段日子，發現這個原本可能會把他拖垮的失業事件，現在居然成為人生躍進夢想顛峰的跳板。只要你站得夠高夠遠，就能看到**眼前的「意外」其實藏有非常棒的禮物，一定有你目前還看不到的正面意義——網路上看到一段話說得很好：「所有的事一定都是好事，如果不是，表示你還沒等到最後！」**

電影〈心靈印記〉（SCREAM OF THE ANTS）有段對白非常棒：「當我跨越五大洲、三大洋，走過所有河谷，尋尋覓覓渴望看見奇蹟，等我逛遍全世界回到家裡卻驚異發現，奇蹟就在我家後花園裡，那一小片葉子上的露珠中。」生命繞了一大圈，才知道自己不必外求，只需待在原地就可享受自己想要的狀態——換個視點自己就是伯樂，何必老在「吸引力法則」裡像鬼打牆似地轉個不停？

從現在開始，心未想，事已成

* 「現在的你」早已藏有「未來的你」所需要的一切，你現在一定已經俱足有獨立圓夢的條件，不需外求。

* 要從「未來的自己」往「現在的自己」聚焦，往回看你的現有狀況與機會，就能看到自己原有的條件中的新價值。

* 只要做對、做到這件關鍵的事，高視野加上跳脫原思維框架的想像力與冒險行動力，比亂槍打鳥、做一百件瑣碎的事加起來更有效，帶來的資源更大更多。

* 我們想要成為的狀態，其實現在就已經是了，但我們自己看不到，只是忙著跟大家一起許願、努力追逐。。

* 只要你站得夠高夠遠，就能看到眼前的「意外」其實藏有非常棒的禮物，一定有你目前還看不到的正面意義。

第四點

你想要的，如果你現在身上沒有，就算「假裝」也吸引不過來！

「現在的你」，是由「過去的你」所思所行所創造出來的！

剛才前一篇舉了《祕密》影片裡《心靈雞湯》作者傑克·坎菲爾在紙鈔上寫了十萬美金的例子，說明：「現在的你」，早已藏有「未來的你」所需要的一切，你想要的，你現在身上就有！現在要進一步地說：你想要的，如果你現在身上沒有，就算「假裝」也吸引不過來，你得自己發揮出來、創造出來！

我經常舉我的一位好友H的例子：他在一家汽車產業工作，他跟我說想離職換去一家比較有創意的公司，想用《祕密》裡的吸引力法則，把他最想要進去的廣告創意公司照片貼在他的願景板上。但我看到他的問題是：他本身沒有創意，就算他觀想有創意的公司，在房間貼滿創意公司的照片也沒有用，因為他不是有創意的人，沒有創意的振動頻率與磁場，有創意的公司當然不會要他；弔詭的是，如果他真能調整頻率為有創意之人，他就能把自己所在的工作場域變得有創意，他就不需找別的有創意的公司，反而是那家有創意公司想來高薪挖角他。

於是我跟他說：「你是一個沒創意的人，到哪都一樣沒創意，就算你到有創意的公司，他們也會因為你太沒有創意而把你解雇。如果你真的是一個有創意的人，你就有本事把現在很無聊的工作變得非常有創意，就像賈伯斯把無聊的電腦、手機變好玩了，那是因為他是一個有創意的人，他所到之處無論有多無聊，都能被他改造成好玩的產業。所以你必須把現在的工作變得非常有創意，其他有創意的公司自然會看到你的驚人表現而來找你。」

性格決定命運，如果你不喜歡自己現在的命運處境，就立即改變性格與個性，你必須知道，你是自己命運中唯一、且最有力的決定者。太多人問我這個問題：「如果自己喜歡的事，跟目前賴以為生的工作不一樣，我是該辭職去做我喜歡的事？還是做自己不喜歡的事，等到賺夠錢了再去過自己想要的生活？」我的回答是：「如果你現在沒辦法把生活過成你最想要的樣子，你以後也不可能有機會去過你要的生活。因為『現在的你』，是由『過去的你』的所思所行創造出來，如果你不改變目前的思維與做法，你的明天也不過就是昨天的重複。」

「你現在身上就有」指的是：你必須擁有與夢想「相符」或是「相應」的振動頻率，如果沒有，就算怎麼假裝都沒用，因為你與你的夢想還沒通上電，何來的吸引力法則？

如何與夢想的振動頻率相符或相應？

因為「振動頻率」是抽象概念，沒有機器可具體測試指數，所以光是理解何謂「振動頻率」，以及如何調整「振動頻率」，就需要有非常好的視覺想像力。但是你可以依照自己曾經有過的「情緒感覺」畫一張級距表，這就是你的振動頻率幅度，這幅度會因你奇特非尋常的經驗而擴大範圍。你可以用各種引發你情緒感覺的音樂：從振奮到平靜，來做為你隨時校準振動頻率的觸媒。

（一）如何與夢想的振動頻率「相符」？

1. 先行動，走在宇宙之前

(1) 站在淨空的高度視野，當下決定、立即行動

印度心靈老師巴關說：「**當你想要事情發生，你必須馬上動起來。**」（When you want things to happen, you have to become active.）

你可以先行動，依據行動的過程，慢慢調整你的心振動頻率場，例如：我以前還沒出書時，心中就篤定自己終有一天會以寫作做為我的職志，於是在簽信用卡帳單時，就練習幫讀者簽名的字跡，然後觀察自己在簽名時那種喜悅分享的狀態，而不是變成拿著書到處找作家簽名的人；當我在看電視主持人專訪作家時，也會把那些問題拿來問自己

會怎麼回答……這些都是我把自己的頻率調成「正是作家」的狀態，而且已經在作家的創作流之中。如果不是讓自己開始「行動」，並把情緒感覺放在「作家」的狀態，就算坐在書桌前虛擬想像自己已經是作家仍是徒勞無功。

作家章成在《絕望中遇見梅爾達》書中的一段話說得非常好：「『走在宇宙之前』意味著即使沒有人、沒有神來幫你，而事情看起來還那麼遙遠時，**你卻已經開始承擔起自己的願望，做任何你能做的事**。這裡面包括了『更清晰你的願望』、『找到實現願望所需的覺悟』以及『念茲在茲地行動』等等，你願意承擔未知。『走在宇宙之前』意味著：你決定承擔自己選擇的人生歷程當中的一切未知，當人處在這種『大決定』狀態時，將體驗到一種俐落簡單的自由，即使是生活小事，當你說你要吃飯，就是你要吃飯，而你就會去吃飯。這樣行動中的人，會形成一種磁場，可以這麼形容：

當你走在宇宙之前，宇宙就跟隨你。你知道那種大承擔嗎？它的能量可以大到創造一個新宇宙，那是你的力量，你不必活得像是個『看天吃飯』的人。所有你們曾經讚嘆過的、羨慕過的，實現偉大願望的人，對於『走在宇宙之前』都有過不同的程度體悟。當你開始『走在宇宙之前』時，不只是能夠與宇宙間所有的力量連結——而是開始合一。」

這個走在宇宙之前、所有人都不看好但還是非做不可的決心，我們在〈海角七號〉、〈那些年，我們一起追的女孩〉、林書豪的例子都看到了。最經典的例子是：一九七六年次的麥特．哈丁（Matt Harding），他花光所有積蓄去旅行，在該國地標前跳舞並把錄影的畫面放在自己的網站上，分享給他的家人與好友，結果影片開始流傳開來，廠商看他的人氣很旺，就贊助他六個月旅遊三十九個國家的經費，到後來還吸引了許多當地的同伴一起共舞——他雖然不是專業舞者，但他非去不可，比宇宙早一步出發的決心，讓所有能支持他願望的資源，開始向心力般地捲進他的夢想版圖中！

我現在對於自己的夢想都不再是要求（ask），而是站在淨空的高度視野，當下決定、立即行動，例如：以前的我會把希臘的照片貼在願景板上，現在的我連找照片、貼照片的時間都省下來了，只剩下「決定」而不需要"ask"，直接去訂希臘機票，只有走在夢想之前，你才更有力量！

(2)行動無法取代情緒

《祕密》中有一篇〈祕密的運用〉，包伯．道爾提到：「有時候行動是必要的，如果你所做的，真的和宇宙要帶給你的一致，你就會感覺很快樂，感覺非常有活力。」但這段話的意思重點在：「感覺快樂」而不只是「行動」，這裡也是最常被誤讀的地方。雖然剛才上一段提到「行動」的重要，但不要忽略情緒才是關鍵。我認同新加坡靈性老師JIRO所說：不要以行動代替情緒，因為行動不等同於情緒。比方你想要旅行，不是去把行李箱準備好，旅行機會就來，而是你能當下享受旅行所帶給你的自由與新鮮情緒，若你能在這樣的振動頻率下開始「旅行狀態下過一天的生活」，會比你「強迫」自己去行動（如準備行李）更有效果！

「行動無法取代情緒」還有另一個例子。在《祕密》書中〈關係的祕密〉這一篇提到：「我們甚至可能不瞭解自己內心最深處的思想是什麼，但是我們可以從自己所採取的行動中，明白我們一直都在想什麼，要注意你的行動是否與你的願望相違背。」這段話是對的，但書後面提到：一個想吸引理想伴侶的女子，藉著把生活空間空出一半給未來伴侶，「假裝」自己已經擁有理想愛人，結果「他」真的走進她的生命——但「假裝」不是內心的真正頻率，行動無法取代情緒感覺，若她心底不喜歡別人進到自己的空間，這樣的「假裝」是不會成真，因為情緒心態準備好要過兩人生活，比實際上的行動更有效，這部分我們得釐清楚。

在〈強效的方法〉這篇，約翰．迪馬提尼醫師說：「如果你心中想出來的景象是靜止的畫面，那麼要保有它就會很困難，因此，為你的景象多創造一些動態的動作」，其實應該是：要加入「有情緒」的動作，因為動作無法取代情緒。

2.把現況過到：非常非常接近你要的夢想狀態

之前我在《十堂量子創意課》提過，《祕密》裡的三法則：ask，receive，thanks的第二項receive，是最容易被忽略或是誤解的地方。很多人以為心想事成、量子跳躍到新的點，就是拋棄舊的，跳到新的就行了，其實不然。我做個比喻：你站在舊版塊上，你與新版塊之間隔著一個深谷懸崖，你得站在舊版塊中離新版塊最近的點，你才比較好跳過去，如果你站在離新版塊越遠的點，就越難跳過去。也就是說，你得知道在你現有的舊生活中，哪一種狀態最接近新版塊，然後在舊版塊的這個點上「施力」、「加速」，你才能跳上另一個點。當你龍困淺灘，先不要老想著要逃到新的點、新的關係、新的工作……如果你能在眼前這個極侷限的環境中，發揮得淋漓盡致，做出極有創意的成果，那麼你到任何地方都可以

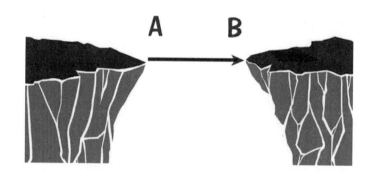

發揮，而不是一味地抱怨工作、主管、老闆、父母、老師……綁住你的創意，一味消極地換環境，因為就算你到再有創意的地方，若你自己不夠有創意，最終還是會被老闆請走，或是沒多久你又感到無聊，因為真正的創意高度是在天際線上，地面的人是不可能綁得住你——如果你被綁住，表示你還飛得不夠高、還不夠有創意，你得先接受現況，把現況過成你最好的版本、最好的生活狀態，好到你都不想離開這裡，而「感覺良好」也就是《祕密》影片裡提到的"Feel Good"，這是一種很美好的能量流，也是要跳到新版本的最大動能、甚至可以說是「唯一途徑」——當你在舊生活版塊中，找到「最相似」於新生活版塊的那個點，這個點你一旦找到，這就是兩版塊最接近的點，於是你才有機會以「最短距離、最短時間」，瞬間翻跳進新的生活版塊、版本、劇本——這就是「接受現況後，才能往新的實相走」的道理。

「**接受現況後，才能往新的實相走**」這概念，在《靈性煉金術》中詮釋得非常完整：「實現你的目標所需的時間，就是改變意識。如果你想讓事情加速，那麼就把注意力集中在自己身上，不要放那麼多在現實的侷限上。敞開來接受，甚至需要放下目標、放下遙遠的未來。這聽起來有點自相矛盾，但事實上，你必須全然接納你目前的實相之後才能前進到新的。若不接受目前的實相，又緊緊抓住你的目標，你就前進不了……因為當現實沒有滿足這些目標信念時，你會覺得失望，有時甚至會絕望，絕望是因為你對生命中應該發生的事，所抱持的強烈信念而造成的——當你放棄了、認輸了，往往是靈魂的話語說得最清楚的時候，因為在你放棄和絕望時，你向新事物敞開，你釋放所有期望，真正接納了『本然』。」所以我們要把今天過成是：有生以來最好、最精采、最自由創意的版本，把現況過到：非常非常接近你要的夢想狀態，這才是調整「相符」振動頻率的關鍵。

剛才在第一點提過：我們很難精準地吸引某一件特定的物品，但可以很輕易地吸引一連串類似的感覺。除了之前舉過「瞬間加速、馳騁無限、自由感覺」的例子之外，這裡我再舉個自己的親身經驗：我非常熱愛旅行，平常在家我多半也只看Discovery與旅遊探險頻道，聽各國的音樂，也隨時把我的證件準備好，不會在臨時要出國時才發現護照到期。我自己有一間旅行箱室，裡面放滿貼著旅行地的大大小小行李箱，比方我現在旅行箱室地上就有五個行李箱，分別標記了即將旅行的時地：

- 三月印度皇宮火車之旅（中行李箱／旅行時間：九天）
- 四月日本透明列車+安藤忠雄禪旅（中行李箱／旅行時間：八天）
- 五月義大利藝術之旅（超大行李箱／旅行時間：兩週）
- 七月德國藝術之旅（中行李箱／旅行時間：九天）
- 八月歐洲科技藝術之旅（大行李箱／旅行時間：三週）

平常只要想到哪趟旅行要帶什麼，就隨手把東西往行李箱裡面放，這樣只需在出發前稍微整理一下就可以提著走，不會因為臨時收拾行李而漏東漏西的。也就是說，我是一個隨時活在「旅行」狀態的人，否則一個「安土重遷」的人要起身去旅行是件很困難的事。托尼．惠勒說得很好：「如果你決定要出發，那麼旅行中最困難的部分已經結束。那麼，出發吧！」

把現況過到非常非常接近你要的夢想狀態，我自己還有一個私房方法：每個月至少給自己放兩天的奢侈假，來做為「夢想操練日」。我最近把生活調整成：**除了中長期旅行假期之外，每個月無論再怎麼忙，至少都要排出兩天度假**，這兩天可以奢侈地吃自己最想要品嚐的餐廳、住最想睡到自然醒的民宿或是溫泉酒店，放掉罪惡感與責任感，這兩天要像是末日奢華般地溺愛自己，**完全不看價錢地享受無限制的生命特權，我把這兩天視為「未來美好生活的演練場」**，我所到的美好之地，就是我借景來造夢的參考。我很喜歡一句電影對白：「我們往往高估十年後能做的事，卻低估了一年內能做的事。」我們想要的生活，現在就把它實踐出來，而不是貼在願景板上成為退休後的遙遠大夢！

再舉個例子：如果你想吸引一個愛情伴侶，能給你金錢上、生活上、情感上有足夠的安全感與幸福感，你就必須現在就活出那樣的狀態，等到你真的能給足自己安全與幸福時，你就會明瞭：你渴求的狀態，自己就可以完成；你想要的安定與幸福，與是否有愛人根本無關，因為你自己就給得起，而且多到可以分享給別人，愛人只是來分享你的幸福，而不是施捨給你幸福。當你了悟只有自己才能原創出你內心需要的東西時，你的獨立且豐盛的風采，才能吸引相同頻率的人事物來與你共振，而不是一起索求、一起匱乏。

（二）如何與夢想的振動頻率「相應」？

除了與夢想的振動頻率「相符」之外，你也可以思考何謂「對等相應」的振動頻率。

「相符」是指把自己的振動頻率，調近到你的夢想狀態，「相應」則是：就你目前現況的最高頻率，與夢想頻率相應、能量相交流的方法。舉個我自己實驗成功的例子：我在網路上收到一張杜拜帆船酒店的照片，覺得很美，就把它設為我電腦桌面的圖片（那時候《祕密》還沒出版，所以還沒有願景板的概念），七天後我收到一封電子郵件：一家旅行社希望我能幫他們寫公司的形象文案，並在郵件中留了一個網址。結果我點進去一看，剛好就是那張我貼在電腦桌面上的圖，原來他們正是杜拜帆船酒店的台灣代理旅行社，於是我提出以文案交換一夜杜拜帆船酒店，結果換到的是七天阿布達比與杜拜之旅（有三天住在帆船酒店）。我用這樣的方法，以文案、寫書，或是演講換到泰迪熊、雲南之旅、香港之旅、新加坡之旅、歐洲數位藝術中心之旅……但前提是：我必須得把文案寫得夠好，再遠的人都看得到，這就像是吸引目光的燈塔，只要你有光，四方自然會有船隻主動靠岸。

也就是說，當你想要夢想成真，其實可以不必透過「吸引金錢」，而是以你現在已有的最高價值（如某項才藝）被看到，吸引別人來等值交換你夢想的事物，如果你手上沒有等值項目與人交換，就算機會到了手上也接不住。例如，我有個朋友就是以靠沿路為人畫素描的方式，與人交換「搭便車」、「住別人家幾晚」、「一條剛出爐的麵包」、「一頓豪華晚餐」……他就這樣環遊了世界八十多個國家，不是有人用一根迴紋針交換到了一棟房子嗎？

現在回來看《祕密》這本書，裡面最吸引大家注意的就是「願景板」，就是把你想要的東西貼在上面，看久了就是你的——這是《祕密》影片中最容易讓人誤解的地方之一，大家以為只要把自己喜歡的東西貼上去，天天看就會成真，其實卻忽略了，這位做願景板的約翰．亞薩拉夫（John Assaraf），他的思考邏輯與口才都非常好，而且既聰明又努力，與其說他成功地「吸引」到他心目中想要的豪宅，倒不如說是他以他的才華交換到了他要的房子，如果他沒有這些被眾人臣服的創業才華，他豈能不勞而獲地吸引到他夢想中的房子？

也就是說，當你把你的夢想貼在願景板上，那只是提醒你，如果有人想要跟你交換你的才華（如寫作、音樂、繪畫、舞蹈……），你可以跟對方換什麼回來。願景板只是讓你可以把才華的光劍，與夢想的頻道校準，但前提是：自己要有高價值的能力或是作品被人看見，且別人覺得價值相應才能交換成功。再舉個實例：有位很愛旅行的舞者，他透過到別國參加舞蹈節的演出，而有了許多次免費旅行的機會；我自己也是利用被邀約到外地演講的機會，順便在當地深度旅行，這也是因為自己有演講的能力，才能跟別人交換我想要的旅行。

你有沒有「等值」或「超值」的東西（例如：才華、技能）跟人交換夢想才是重點，唯有振動頻率「相等相應」才能交換成功，而不是光用「吸引力法則」虛擬想像就能如願——吸引力法則，必須是「你自己也具有吸引力」，才能成真！這點是做過願景板卻夢想不成真的人，可以修正的地方！

從現在開始，心未想，事已成

* 你可以先行動，依據行動的過程，慢慢調整你的心振動頻率場，讓自己與夢想的頻率相符。

* 先接受現況，把現況過成你最好的版本、最好的生活狀態，好到你都不想離開這裡。

* 我們要把今天過成是有生以來最好、最精采、最自由創意的版本，把現況過到非常非常接近你要的夢想狀態，這才是調整「相符」振動頻率的關鍵。

* 你想要的安定與幸福，與是否有愛人根本無關，因為你自己就給得起，而且多到可以分享給別人，愛人只是來分享你的幸福，而不是施捨給你幸福。

* 當你想要夢想成真，其實可以不必透過「吸引金錢」，而是以你現在已有的最高價值（如某項才藝）被看到，吸引別人來等值交換你夢想的事物。

＊願景板只是讓你可以把才華的光劍，與夢想的頻道校準，但前提是：自己要有高價值的能力或是作品被人看見，且別人覺得價值相應才能交換成功。

＊吸引力法則，必須是「你自己也具有吸引力」，才能成真！

第五點

你的許願，會受限於你的想像力不足！

如果你沒有夠廣大的想像力，還不如不想！

《祕密》書中提到作家麗莎．妮可絲說：「當你想著你想要的事物，並且全心將焦點置於其上，吸引力法則每一次都會正確無誤地把你想要的事物給你。」這些乍看很勵志的話，其實內藏的問題重重。首先我們知道了，並不是你所想的人事物會被你吸引而來，而是你的情緒感覺（包括潛意識層）的振動頻率，吸引相對應振動頻率的人事物，才是創造的關鍵。當你知道只有相同的情緒感覺頻率會互相吸引時，往往你吸引到的不一定是那「正確無誤」的事物，而是相同的感覺頻率，例如：你希望有錢才能自由地去旅行，這許願的重點在「自由去旅行」，而非「有錢」，錢只是完成「自由去旅行」的百萬種管道之一。所以當你想要一筆去自由旅行的錢時，你反而限制了「自由旅行」的其他百萬種可能管道，就像之前我舉的「以文案交換杜拜之旅」的例子，唯有你不設限圓夢的方法與結果，創造力法則才能不斷帶給你出乎意外的驚喜！

當台灣媒體開始報導，這期樂透得主利用《祕密》心想事成的念力得到頭彩時，往往誤導很多人以為：只要一直想著「得到頭彩後要做什麼」的喜悅就會中頭彩，其實這樣反而忽略了很多平常擦身而過的致富機會，例如以獨特眼光看到別人沒看到的創業機會，或是更專心地發揮自己的才華換來源源不絕的財富……等等。當你鎖定在某一樣事物時，你的願景板就矮化了你的可能性，窄化了你可以創造更大的夢想藍圖，因為你的目光如豆，反而成了心想事成最大限制與障礙（你的想像力能有多大？），一旦你不鎖定在特定的人事物時，你的情緒感覺可創造的範圍就無限大了！

《祕密》書中，麥克．杜利說：「當你在觀想、在心中營造景象時，永遠而且只要思考『最終的結果』就好」，以及麥可．柏納德．貝奎斯（Michael Bernard Beckwith）提到：「你可以從一無所有開始，然後從這一無所有、從這不可能之中，道路就出現了！」這兩段話就是問題所在，因為絕大部分的人都有著陳年的舊思維、舊思考軌跡，讓他繼續創造與過去一樣的命運，他很難憑空創造出截然不同的新事物，就如同法蘭克．蓋恩斯（Frank Gaines）所說：「唯有能見人所不能見者，才能做到不可能做到的事。」比方一個小時候沒錢買洋娃娃的孩子，他所想要的只是努力賺錢將來可以買這個洋娃娃，他因為有這個「求不得苦」，就限制了他能想像更大的夢，例如：創辦一個洋娃娃的公司等。

《祕密》書中〈強效的方法〉這一篇就提到：一位叫潔妮的女子，她看了《祕密》影片後，對包伯．普克特印象很深刻，利用吸引力法則真的見到了本人。這個例子就是我個人認為很「沒想像力」的範例，同樣的時間與精力，她可以用來創造自己不一樣的生命價值，如果我是潔妮，我就會重設夢想，並列出我欣賞包伯．普克特的哪些特質與特點，反思自己是否也想要開啟這些特質特點，然後所有的精力應該放在：如何發揮自己被埋沒的這些特質特點，甚至將自己啟蒙成為一位比包伯．

普克特更具有力量、讓粉絲來找你簽名的影響者，這就是更大的夢想創造，而不只是利用吸引力法則創造出：能成功親見偶像一面、拿到偶像簽名的小粉絲。

同理可證，如果你想要名牌包，你得問問自己，你究竟喜歡這個包帶給你怎樣的價值與感覺？是虛榮還是設計感？如果是虛榮，這個夢想即使完成也不足以增加你的任何價值，因為旁邊只要有一個人跟你拿一模一樣，甚至比你更高檔的名牌包，你就瞬間被打敗。但如果你喜歡的是這名牌包獨特的設計創意與風格，那麼你自己也可以致力於創出自己的品牌——與其觀想、吸引一個名牌包，還不如觀想自己設計的品牌，被別人列為與LOUIS VUITTON、古馳GUCCI、蔻馳COACH、迪奧DIOR、香奈兒CHANEL、愛馬仕HERMES並駕齊驅的名牌包。

這樣的例子在《祕密》這本書中比比皆是：一個叫柯林的十歲男孩，利用《祕密》書上的方法，創造出「不必排隊遊迪士尼」的夢想成真，但如果換成一個更有創造力的孩子，他可能會因第一天排隊受挫，而去想自己創建一個屬於自己的遊樂園。之前有個類似的實例：一位名叫內森・薩瓦亞的律師，小時候就是以樂高玩具完成所有「他想要但爸媽沒買給他」的東西，到他三十六歲時，他決定放棄年收入六位數的高薪，開始以樂高創作出一件件震驚世界的作品，每件作品少則數千美金，多則一萬美金以上，他認為這個世界上沒有用樂高做不出來的東西。日前也看到有貧困的孩子，以資源垃圾創造出許多玩具出來自娛娛人，所以在教導孩子使用吸引力法則時要特別注意，別讓沒想像力的大人，把「限制的思維框架」傳染給了本來很有想像力的孩子！

如果你能吸引一杯咖啡，為什麼不去吸引一個咖啡王國？這個世界上，能像電影〈全面啟動〉裡的經典對白：「要敢於作更大的夢。」的人寥寥無幾。人的想像力往往被自己的「慾望」所侷限，而這慾望往往受制於社會媒體所塑造、催眠出來的集體價值觀。頂尖創造者與普通追隨者的差別只在想像力與執行力，我們只能想「能想得到的」或是「敢想」的，我們無法想像那些「自己想都沒想過」或是「連想都不敢想」的人事物，想像力往往受限於我們過往的生活與學習經驗，你有限制的腦袋只能吸引或是創造出有限制的人事物。當弦理論所發展出來的創造法則不用在原創項目時，他就只淪為吸引現有東西的收集狂，一個在支流末端等源頭供水給他的人，他的資源是受限的，創造的流域只會越來越窄。

《草木自己生長》（The Grass Grows by Itself）有一段很美的話：「在一個緊握的拳頭裡面沒有空間，在一隻張開的手裡面，整個天空都在那裡。」如果你沒有夠廣大的想像力，還不如不想！

如果你許願在金錢上，你就會忽略其他「非金錢」的資源！

《祕密》書中〈強效的方法〉這篇提到：「『觀想』之所以會這麼強而有力，是因為你在心中創造一個看見『已經擁有想要的事物』的畫面，於是你就會產生『現在就已經擁有它』的思想與感覺，『觀想』就是強力專注在畫面上的思想，它會引發同樣強烈的感受。」這段問題在於「當你專注於某個畫面時，你就有可能受限於你既有的想像力」。舉例來說：如果有人照著《祕密》的影片所述，花很多時間去觀想中樂透頭彩後可以享受怎樣的生活，結果就浪費了發揮才華去寫作、繪畫、舞蹈、歌唱、拍電影……的寶貴機會，這些都極有可能因為專輯大賣或是電影票房賣座，獲益比頭彩獎金還高，後者成真的機率不見得比前者低，但成就感一定比中樂透更高。想像一下，如果當初窮困潦倒的羅琳，努力去觀想中樂透後的生活，她就沒有時間精力，寫出這套全球熱銷的《哈利波特》系列作品，收入早就超過了樂透頭彩金額。

也就是說，如果你許願金錢，注意力與焦點就會在金錢上，你就會忽略其他「非金錢」能讓你夢想成真的資源與機會！這也是《祕密》大賣後造成的後遺症之一，特別是那些想一步登天、一夕致富的年輕人，他們浪費非常寶貴的人生精華時間聚焦在這些數字上，就算真的讓他中了頭獎，他也只能花錢，卻無法以這些錢配合他的才華去延展出更大的夢想舞台。

愛因斯坦說得對：「想像力就是一切，它是生命將發生之事的預覽。」但與其有限制的心智吸引有限制的人事物，還不如全部放空不再許願，讓自己活在全然的當下，接受當下俱足所有創造新命運的機會，讓更多可能性進來，讓自己漂浮在廣大愉快的創作之流，這個流會讓人感覺興奮、激昂、自信、專注、有行動活力……然後享受每一個突來的意外驚喜！

從現在開始，心未想，事已成

* 並不是你所想的人事物會被你吸引而來，而是你的情緒感覺（包括潛意識層）的振動頻率，吸引相對應振動頻率的人事物，才是創造的關鍵。
* 當你鎖定在某一樣事物時，你的願景板就矮化了你的可能性，窄化了你可以創造更大的夢想藍圖，反而成了心想事成最大的限制與障礙。
* 頂尖創造者與普通追隨者的差別只在想像力與執行力，我們只能想「能想得到的」或是「敢想」的，我們無法想像那些「自己想都沒想過」或是「連想都不敢想」的人事物，想像力往往受限於我們過往的生活與學習經驗，你有限制的腦袋只能吸引或是創造出有限制的人事物。
* 如果你許願金錢，注意力與焦點就會在金錢上，你就會忽略其他「非金錢」能讓你夢想成真的資源與機會。
* 與其有限制的心智吸引有限制的人事物，還不如全部放空不再許願，讓自己活在全然的當下，接受當下俱足所有創造新命運的機會，讓更多可能性進來。

第六點

豐足吸引豐足法則：

當你不再需要吸引任何東西的時候，
你原來需要的人事物，
反而倒過來需要你！

當你真的俱足，你以前需要的反而倒過來需要你、流向你！

《祕密》書中包伯．普克特提到：「你將吸引你所需要的一切。如果需要錢，你就會吸引到錢；如果需要人，你會吸引到人；如果你需要某本書，你就會吸引到那本書。」依照我這幾年的人生經驗，終於體悟到包伯．普克特說的剛好是相反的：直到我不再為錢焦慮，不僅知足當下，還捨得把錢無擔憂、無顧忌地花出去，當我不再「需要」錢的時候，錢反而開始大量流向我；當我已全然獨立、自給自足自己所需的一切：愛、自信、幸福、豐盛……我有足夠的安全感所以不再「需要」誰的時候，那個以前自己害怕失去的人，反而打死都趕不走；當我俱足智慧之眼，能從日常平凡無奇的生活點滴中隨時領悟，就在我不再需要書給我任何啟示、任何解答的這個時候，反而很多出版社把書寄來邀我推薦。如果要我修改包伯·普克特說的話，應該是：「**當你已經俱足，不再需要去吸引什麼的時候，這些資源會全都流向你！**」

舉個實例：名模天生麗質不需要化妝品、保養品，而且就算她們想要，也不缺錢買的時候，反而一堆廠商送來成箱免費的商品拜託她們試用；當有人已經旅行了五十國，他的經驗在網上免費分享給百萬人看，他已經不再需要「吸引」旅行時，反而有很多旅行社或是廠商，提供免費機票與旅費拜託他出去玩；當有人自費甚至負債拍出感動自己、感動很多人的電影時，電影大賣讓他獲得巨大財富，他已經不再需要籌措電影資金的此刻，反而有更多金主砸大錢要投資他的下一部電影——人們總愛錦上添花，但你自己得是一匹已經展現出才情光芒的美麗華錦；如果你已經是盛開的花朵，花開了蜂蝶自然就來，不必刻意吸引。

還記得以前求學時代，同學之間彼此小心藏好自己做的上課筆記，因為害怕努力幾天幾夜整理的筆記被別的同學看到，別人會考得比他好。但我卻看到：那些不擔心別人考得比自己高分，還主動分享筆記的那些同學，表示他們已經精讀通了，也不需要這些筆記讓自己維持優勢，往往越能分享筆記的同學成績越好。

我這幾年深深領悟到：**唯有不害怕失去愛情，你才能對愛人說真話，擁有真實的愛情；唯有不害怕失去友情，你才會對好友說真話，擁有真摯的友情；同理可證：唯有不害怕失去金錢，你對錢有真實不虛的認知，你才能擁有不匱乏的豐盛生活。**舉個我廣告公司同事的例子：她很重視人際關係，經常交際送禮，也很在意別人對她的感覺，所以她總是只說別人想聽的好話，卻不敢在別人面前說真心話。她花非常多時間在「經營」人際關係，連睡覺都不關手機，結果經常有朋友三更半夜打給她訴苦講三小時的電話，搞得她嚴重睡眠不足；但她看我從不接手機，平時也不送禮，反而主動對我好、送我禮的人比她多很多，我的人際關係更好。我對她說：「因為我把焦點放在自己身上，讓自己處在非常好的振動頻率狀態，這狀態會讓身邊的人感到舒服，大家就會想圍過來親近，而我只需把我好的振動頻率感染給其他人，把不好的情緒自己利用獨處靜心時化解掉。我身邊的人不會找我訴苦，因為他們可以跟我一起，瞬間以高視野看透問題癥結，不需要我傾聽對方兩三小時的抱怨與情緒垃圾，我也不需要一一為他們解決瑣碎的問題，對方雲開見日，我也保住所有的時間與好的生活品質，這樣對雙方都好，而不是泥菩薩過江，兩人都一起被壞情緒拖糟下去。」

當你不再需要吸引人脈，不再需求人際關係，你專注於內在清明之光，千里之外的人都能看見，自然會吸引很多人駐足靠近。在我看完電影〈以愛為名：翁山蘇姬〉的傳記電影後深深領悟到：當一個人不在乎自己的生死時，所有人都在乎她的生死；當一個人不在乎自己的利益時，所有人都自願把利益獻給她、感謝她。

就像大海不需要再為它加入水，反而有很多水自動流向它；同理可證：當你自給自足不再需要任何人給你任何東西、包括愛、金錢……

時，反而愛、金錢就會流向你，這是豐足吸引豐足的法則（非吸引力法則），而不是：你「想」要（ask），因為當你ask時，表示你現在是匱乏的。你看到宇宙的祕密了嗎？跟你以前認知的不僅不同，而且剛好相反：當你真的俱足，不再需要吸引任何人事物的時候，你以前需要的反而倒過來需要你、流向你！

「吸引金錢」還不如「重新理解金錢的意義」！

《祕密》書中提到：「所有在生活中吸引財富的人……他們心中的主要思想就是財富，心中沒有其他的想法，不論他們有沒有覺察到這一點，帶給他們財富的，正是這些占據他們心中的思想。」你看到一些世界富豪，像是巴菲特或是比爾．蓋茲，他們專注的是自己感興趣的事，而非直接專注在金錢上，金錢對他們而言只是一堆數字，這些數字代表的是資源的流動；反而那些越專注在財富上的人，就在金錢遊戲起伏的浪潮裡上上下下。正確來說，應該是：富裕的人專注在機會（不只是金錢），匱乏的人專注在障礙。

前面幾章提過，你只需把自己的光芒發揮出來，自然就有許多資源主動靠過來跟你進行交換，這交換有時不一定得透過金錢。如果我們宏觀地來看「金錢」的功能，它就只是扮演「交換資源」的功能而已，如果金錢不具有交換資源的功能，那麼它們就只是一堆印了數字的紙與銅板而已。

你可以把「金錢」理解為連結河兩岸的橋（巧的是，歐元紙鈔上的圖案就是各種風格的橋），**它只是管道，提供你想要東西的交換權，但如果你專注在金錢上，就像你專注在橋本身，但你不知道自己要去哪裡**，所以你卡在橋上，甚至收集了很多橋，卻哪都去不了，那是因為你把焦點放錯了，於是金錢就無法在你身上展現流動的自由。就像是「車子」是用來到達你想去的地方，它只是個媒介，但如果你收集車子放在車庫裡不開出去，那就是一堆美麗的鐵而已。

《祕密》書中大衛．希爾莫提到：「我弄來一張銀行的結算單，塗掉餘額，換成我想看到的數字，我想著：我何不就觀想一堆支票進到我的信箱？於是才一個月事情就開始轉變，太神奇了，雖然現在還是會收到一些帳單，但我收到的支票比帳單多」。作者還說：「我有一本記事本，在每頁的上方寫著『我已收到』，然後列出帳單的所有總額，並在後頭加個零。在每個總額旁邊，我會寫上『感謝您』，並且去感覺接收到『支票』的感激之情……當你『假裝』，成果很快就來。」在瞭解量子物理學所延伸的弦理論概念後，我們已經知道**「假裝」不等同於對等的振動頻率，騙得了自己的頭腦，卻騙不了自己的心。**

此外，因為上述這個例子，讓大部分讀者以為只要改帳單或存摺數字就行了，卻忽略了金錢的本質：流動。如果你希望有資源流進你，你必須流出等值的能量出去，而大衛．希爾莫沒說清楚，他的支票是以什麼項目進到他的帳戶中？他提供了什麼給對方，所以才有這些支票？你們可以去問一些富人，他們沒改支票數字卻一樣富有，反過來再去問一些窮人，他們就算改了支票、帳單、存摺，卻還是依然貧窮。世界上沒有不勞而獲、能量只進不出的流動方式，這就是為何許多樂透頭彩得主在得到意外之財後，很快就敗光，甚至比沒中獎前還窮，那是因為他們不知道金錢的真正意義：流通，不懂得有進有出，或是交換對等價值事物。

讓我們再看一次包伯．普克特說的這段話：「你將吸引你所需要的一切。如果需要錢，你就會吸引到錢；如果需要人，你會吸引到人；如果你需要某本書，你就會吸引到那本書。」現在知道了，我們只能吸引到對等價值或是相應特質的人事物，而非剛好是你所指定的人事物；也就是說，你可以想像自己在廣大有風景的空間裡感覺良好，但不是去觀想自己「已經擁有」這棟私人海灘的房子，因為這是設限，誰知道或許有一天，因為你的才華而被遴選去某個度假小島上當島主，雖然你沒有吸引到錢去買這棟沙灘別墅，但你以才華吸引到了等值甚至超值的享受。

設定的金額無論多大，都是阻擋你更大資源流進的限制！

《祕密》書中〈金錢的祕密〉這篇提到：「如果金錢是你的選擇之一，那就說出你要多少吧，譬如『我要在三十天內得到兩萬五千美元的橫財』，但必須是你自己也能相信的。」但我要說的是，如果許願者真能做到百分百相信、沒有任何一絲懷疑的話，那麼如此堅定的他，早就不是現在的自己了！

我不贊成許願時設定「金錢數字」，無論你設定的夢想金額有多大，都是阻擋你更大資源流進的限制，那是因為依照你過去的經驗所設定的金錢，都會侷限在你過去所能想像的最大金額。這樣的概念，我們可以舉高爾夫球好手老虎・伍茲（Tiger Woods）為例：

在一篇名爲〈夢想的價値〉文章中提到：他家很窮，住在貧民區的破房子裡，他有七個兄弟姐妹，還有一個表妹和一個堂兄寄居在他家裡。他特別瘦弱，時常感冒發燒，他缺乏學習的天賦，學習成績是八個孩子裡最差的。有一天，他看到介紹有史以來最偉大的高爾夫球運動員尼克勞斯的電視節目，他的心一下子被打動了：我要像尼克勞斯一樣，當一個偉大的職業高爾夫球運動員！

他要求父親給他買高爾夫球和球桿。父親說：「孩子，我們家玩不起高爾夫球，那是富人玩的。」他不依，吵著要。母親抱著他，朝父親喊：「我相信他，他一定會成爲優秀的高爾夫球員！」說完，母親轉過頭，柔聲說：「兒子，等你成爲職業高爾夫球員後，就給媽媽買棟別墅，好嗎？」他睜著那雙大眼睛，朝母親重重地點了點頭。父親給他做了一個球桿，然後在家門口的空地上挖了幾個洞。他每天都用撿來的球玩一會兒。

入中學後，他遇到了後來改變了他一生的體育老師里奇・費爾曼。

費爾曼發現了這個黑人少年的天賦，於是建議他到高爾夫球俱樂部去練球並幫他支付了三分之一的費用。僅僅三個月，他就成了奧蘭市少年高爾夫球賽的冠軍。

高中畢業後，他幸運地被史丹佛大學錄取了。暑假期間，他的一個要好的朋友來他家玩，說他的哥哥所在的旅遊公司有艘豪華遊輪正在招服務生，薪水很高，每週有五百美元，問他是否有意去應聘。他動心了：家裡仍然貧窮，自己應該像個男人一樣掙錢養家。過了幾天，里奇．費爾曼來到他家，他已經幫他聯繫到了一家高爾夫球俱樂部，準備帶他去報名。小夥子不好意思地告訴老師，他打算去工作了。里奇．費爾曼沉吟半晌，然後問他：「我的孩子，你的夢想是什麼？」

他愣了一下，似乎有些措手不及。過了好久，他紅著臉囁嚅道：「當一個像尼克勞斯一樣的高爾夫球運動員，掙很多錢，給母親買一棟漂亮的別墅。」里奇．費爾曼聽完，盯著他高聲叫道：「你現在就去工作，那麼，你的夢想呢？不錯，你馬上就可以每週掙五百美元了，很了不起！但是，你的夢想就只值每週五百美元嗎？每週五百美元能買得起別墅嗎？」

十八歲的他被老師的話震驚了，他呆呆地坐在屋子裡，心裡反覆默念著這句話。

突然，曾經的夢想閃電般穿過腦海，熱血瞬間流遍全身：我的夢想是要成爲像尼克勞斯一樣偉大的高爾夫球運動員，我的夢想是要爲母親買一棟別墅！那個假期，他自覺地投入到了訓練中。在當年的全美業餘高爾夫球大賽上，他成爲該項賽事最年輕的冠軍。三個月後，他成了一名職業高爾夫球員。

他是迄今爲止最偉大的高爾夫球運動員，他正創造著高爾夫球的神話：一九九九年，他成爲世界排名第一的高爾夫球員；二〇〇二年，他成爲自一九七二年尼克勞斯之後，連續獲得美國大師賽和美國公開賽冠軍的首位選手。從一九九六年出道至今，他總共獲得了三十九個冠軍。如今，他以一億美元的年收入成爲世界上年收入最高的體育明星。

他一共給他母親買了六棟別墅，位於不同的地方。

——引自網路

《有錢人想的和你不一樣》（Secrets of the Millionaire Mind）提到：「財富的取得有兩種：一種是依時間領取酬勞，另一種是依自己創造出來的價值領得酬勞，這兩種根據的是『你對自己價值的估算』。」這篇文章就是最好的例證：老虎・伍茲如果當時接受了眼前每週五百美金的遊艇工作，而忘了自己熱忱但看似遙不可及的夢想，那就限制了更大的資源（不只是金錢）流向他。也就是說，錢不只是流動的資源，而且也是現況的放大鏡。當我們不再許自己要有多少錢入帳的願望，只專注在自己眼前正在完成的事，於是就有百分百聚焦力把事情做好，不會分心在賺錢、吸引金錢上，而錯過因自己狹隘眼光短視近利所看不到的長遠機會，這機會甚至帶來遠超過你當初想要的金錢──Facebook創辦人不就是如此？**不被半路殺出來許多賺錢的機會誘惑，只專注在他的夢想，**直到Facebook一上市就瞬間帶來：比當初那些誘惑多出不知幾萬倍的財富。這樣的例子還包括藝術家大衛・崔（David Choe）決定接受股票期權做為報酬，為才剛起步的Facebook總部繪製壁畫，他只專心把Facebook畫好，不會因為Facebook沒給多少錢而拒絕，結果等Facebook上市之後，大衛・崔所持有的股票期權價值有可能會達到兩億美元。

《有錢人想的和你不一樣》這本書還提到：「**金錢只會讓你現有的自己更擴大，如果你很壞，那麼錢就會給你機會變得更壞；如果你很善良，那麼錢會給你機會變得更善良；如果你很混蛋，錢就會給你機會變得更混蛋；如果你很慷慨，更多錢只會讓你變得更慷慨！**」台灣知名歌手賴佩霞將以上這段話延伸為：「擁有更多錢並不會改變什麼，錢會放大你目前所有的一切，如果你很傲慢，就會有更多錢讓你更傲慢；如果你很有愛心，就有更多錢讓你更有愛心！」這就是我們認清金錢本質最醍醐灌頂的一段話。

吸引力法則是「創造」法則，如果你不是透過「創造」所得來的財富，流失後就很難再創造。只要你專心把自己喜歡做、擅長做的事做到最好，不浪費時間精力去「鎖定金錢目標」，就像世界麵包冠軍吳寶春盡全力把麵包做到最好，連店面都有人主動提供給他；或是只想把球打好的林書豪，他不被華爾街更高薪更穩定的金融工作所誘惑，於是帶來超越華爾街工作無數倍的財富機會——這些就是只有你獨有的才華財富，取之不盡用之不竭。**因為你無法預想將來的財富會有多少，所以就不要分心去設限它們的額度。**

這幾年我從自己以及身邊友人的實例中體悟到：當你在做自己喜歡的事時，等到你已經可以退休但卻不想退休；若你在做自己不喜歡的工作時，你很想早點退休卻沒辦法退休！一步之差，天地之別，所以請盡早點調回到自己的生命源頭吧！

你對金錢的反應，決定你與金錢的關係！

《祕密》書中〈金錢的祕密〉這一篇提到：「你必須對金錢感覺美好，才能為自己吸引更多的錢！」我相信絕大部分的人對錢都感覺良好，問題不在對錢是否感覺良好，而是在於對錢「限制性」的信念。我有一位靈修的朋友，他說對於有人開高價的靈修課感到厭惡與不齒，這信念反而擋住了高報酬課程的金錢流向他。

金錢只是體驗生活與交換資源的玩具鈔，重點在「交換資源、自由地體驗不一樣的生活」，金錢絕對不要變成你的努力與囤積的目標。所以我會這樣修正：「所有在生活中富裕的人……他們已經處在富裕的狀態，所以他們不需去關注金錢、吸引金錢，他們只關注自己喜歡的事、正在完全地享受生活，彷彿有取之不盡用之不竭的錢；錢對他們而言是無限的，完全不必關注它或吸引它，就像空氣一樣。」如果你看透這點，不設限地讓金錢流動，你才有能力玩錢而非被錢所玩。

你只需享受花錢的樂趣，當你不再專注於賺錢而是花錢時，錢會自己來找你！

《祕密》書中〈金錢的祕密〉這篇提到：「人沒有足夠金錢的唯一原因，是他們的思想阻礙金錢朝他們而來。」其實這段話不完全正確，因為還有花錢的態度也會阻礙金錢是否能順利地流向他們。

《你值得過更好的生活》（Busting Loose from the Money Game）提到：「三項讓我們最熟悉也是受害最深的金錢信念：1. 財源供給有限。2. 當你花錢時，錢就從你這移動到別人那裡，然後你的錢變少了，你必須管理並讓收入超過支出，這樣做才能獲利。3. 為了增加個人財源，你必須更努力或更聰明地工作。一旦你從這些金錢遊戲徹底解脫，金錢方面就再也沒有任何限制與束縛。」過去二十年來，我賺十元就存九元的習慣都沒改變過（INPUT：OUTPUT=10：1），直到最近兩個月，因為想體驗「無限年」的感覺，所以刷卡請客或是旅行都沒看價錢——結果奇蹟發生了，對帳時才發現，前兩個月花出去的每一筆大筆開銷，各在一週之內都有剛剛好十倍其價格的案子（演講、版稅、廣告案等）進來，也就是：花一千就進來一萬元，花一萬就進來十萬，花十萬就進來一百萬……這大大顛覆我過去對於金錢的概念，原來我已不必以焦慮的振動頻率專注在賺錢這件事上，我只要以愉快的振動頻率盡情享受「無設限」花錢的快樂，因為長達二十年我的INPUT：OUTPUT比例已經定型為10：1，所以我每花一單位，自然就會來十單位的案源，精準無比，我取名為「等比例花錢自動入帳法」。

但前提是：

1. 你要確信宇宙資源真的是無限的，很多人在這部分觀念就被設限了。
2. 你正在做你喜歡且擅長的事。
3. 你沒有因為「擔憂不安定的未來」而在固定的公司朝九晚五地上

班，如果你是因為擔憂而去上班，你的時間全都被固定薪水綁住了，這就是對金錢流很大的設限。

關於第三個前提，我舉個例子大家可能比較好理解：一隻逃出籠的雞，意外發現外面的稻田野地如此之大，於是跑回去跟其他的雞說：「快逃出來吧，你們不必在裡面等人來餵你們，不必大家搶吃這麼一點點糧食，外面滿地遍野吃都吃不完！」但籠裡的那些雞不敢貿然逃出，因為牠們沒看過什麼叫「滿地遍野吃都吃不完」是什麼景象，於是回答：「這裡有人固定餵食，保證不會餓，有病還有醫生來，幹嘛還自己去找食物？萬一找不到怎麼辦？萬一沒地方住怎麼辦？」逃雞只好默默離開，自己享受出外覓食的自由與每餐不同的驚喜，只要牠不被抓回去，或是因對未來感到不安而自行回籠，牠的日子，比連「吃飯時間、睡覺時間、交配時間、死亡時間、死亡方式都由別人決定」的雞同伴更有意思。

我上個月請一位朋友吃了三千元的養生火鍋大餐，她很得意地說，她用吸引力法則賺到了這一餐，但我因為無設限且開心地花掉三千元，卻一週內進來一個兩小時三萬元的演講案，所以現在請客從不看帳單金額，反正有出就有進，這就是我對金錢流的信任。從這例子就可以看到，當你對金錢的概念與頻率不同時，錢或是資源的流動速度與廣度就不一樣。

我跟身邊親近好友說，你們要實驗這個「**等比例花錢自動入帳法**」前，一定要先核實自己過去長期潛意識設定的INPUT：OUTPUT比例是多少，因為很多人都是設定：賺多少才能花多少，導致比例為1：1，甚至還有人的潛意識設定為：入不敷出，這些都可以透過核對過去的帳單就一目了然，核算一下你的收入與支出比是多少（通常上班族的收入變化不大，這就是設限的主因），然後想一下這比例是否可以調整，例如：你可以先開始練習「等比例」存錢，等到這INPUT：OUTPUT比例穩定後，就可以開始專注在「金錢不設限」地享受生活上，因為宇宙之流會自行調節水量，以維持你所設定的慣性比例——但因為只有你自己清楚你對於金錢的設定為何，你可以先練習一個月看看，後果自負。

很有趣的是，就在我寫完以上這段文字後一週，我看到《有錢人想的和你不一樣》書中有提到類似的概念：「你的目標就是盡快達成『財務自由』，當你有能力過著你想要的生活方式，不必在金錢上依賴任何人，當你被動收入大過你的開銷，你就達到財務自由。把每個月收入的百分之十放入『玩樂帳戶』，做一些你平常不會做的事，例如：揮霍。」但這段文字還是在有限的收入中撥出百分之十來花用，但我自己的方法是不設限收入，只專注在「花錢」上，如此收入就能等比例地進來。

所以你不必吸引金錢，你源源不絕的創造之流，讓相應的人事物全都自動不費力地匯流進來，也就是說，並不是「需要錢」就可以吸引到錢，反而是你肯把錢或資源花出去，才是讓錢或資源再進來的動能，就像是捐血後身體才有空間造新血是一樣的。

從現在開始，心未想，事已成

＊當你已經俱足，不再需要去吸引什麼的時候，這些資源會全都流向你！

＊唯有不害怕失去愛情，你才能對愛人說真話，擁有真實的愛情；唯有不害怕失去友情，你才會對好友說真話，擁有真摯的友情；同理可證：唯有不害怕失去金錢，你對錢有真實不虛的認知，你才能擁有不匱乏的豐盛生活。

＊富裕的人專注在機會（不只是金錢），匱乏的人專注在障礙。

＊我們只能吸引到對等價值或是相應特質的人事物，而非剛好是你所指定的人事物。

＊我不贊成許願時設定「金錢數字」，無論你設定的夢想金額有多大，都是阻擋你更大資源流進的限制。

＊並不是「需要錢」就可以吸引到錢，反而是你肯把錢或資源花出去，才是讓錢或資源再進來的動能，就像是捐血後身體才有空間造新血是一樣的。

第七點

越努力只選擇「正面」，對等的「負面」就直接進家門躲都躲不掉。

當你刻意選擇正面，你努力忽視的負面將找機會反撲你！

當你正忙著實踐「正面思考」時，你知道等量的「負面思考」一樣纏著你不放嗎？因為這是一個二元對立的世界，當你關注在某一極端時，另一個極端的能量也同樣在那等著你，不會因為你不去理它而不存在。

《名望、財富與野心》講得很好：「正面思考並不是讓你轉化的技巧，它是一種選擇模式，對於覺知毫無助益，它反對覺知，因為覺知永遠不會做選擇，它純粹只是壓抑你性格上負面的部分，把負面壓進無意識裡，把有意識的頭腦與正面思考掛鉤，但無意識比有意識的頭腦力量更大，是九倍大的力量，它也許不會以舊模樣出現，而是以全新面貌顯現。」當我們越努力選擇「正面思考」，負面的力量隨侍在側等著反撲，一旦遇到讓自己不舒服的人事物，就會心生反感、厭惡、嫌棄、躲離，於是負面的情緒就升起了……周而復始，這就是造成痛苦與挫敗的原因。台灣歌手賴佩霞在演講時也提過類似的概念：「燈光會照出你的陰影，當你站在越亮的燈光下，你的陰影就越黑，也就是說當你越成名，你的陰影就越明顯，如果你壓抑了，你就會更痛苦！」

《祕密》說：「當你刻意把焦點放在你想要的事物上，開始散發出美好的感覺時，吸引力法則就會予以回應。」當你「選擇」了想要的事物，自然在同個層次上，就會有「不想要的事物」如背後靈、如影隨形般地離不開你的創造範圍，因為正負乃一體兩面。再加上你「開始散發出美好的感覺」時，相當你開始發起了一個正在向上的情緒波，當它是波，它就一定有起有伏地開始運行，一旦能量波下行，你就開始沮喪不快樂，擋都擋不住。

我看到不少修行者，甚至是教導「如何運用吸引力法則正面思考」的心靈老師，身邊都有一個很負面悲觀、疾病纏身的伴侶或愛人，他們的「正面思考」絲毫改變不了伴侶，但愛情讓他們離不開這些伴侶——這正是因為我們在二元性的地球，有光的地方一定有黑影，一個銅板兩面是無法割離的，一個越光明，另一個就越黑暗。當他們越努力只選擇「正面」，對等的「負面」就會直接進了他的家門躺在他枕邊，躲都躲不掉。

越想躲避的議題，包括討厭別人說哪些負面的話，這些話往往就是由最親密的家人、朋友、愛人當你面直接說給你聽，你無法把他們列為封鎖的黑名單，或是絕交，更不可能斷絕親人關係。所以直接面對，把被勾起的情緒議題做最徹底的清理，直到有一天，沒有任何人事物話語會勾起你的憤怒、不快時，以前會惹你火大的話，現在都能穿身而過不留痕跡時，你就過關了。就像如果你想要終止一場乒乓球賽，你不回應對方的球，球賽就停止了。

透過正反兩極才能看到事物的全貌

《祕密》裡〈祕密的揭露〉這篇提到：「所有好的思想都是強而有力，任何負面的思想都是脆弱無力的。」以及普蘭特斯．馬福德說：「一個人若是一直想著人生的黑暗面，不斷地活在過去的不幸和失望中，他就是在祈求未來有著相同的不幸和失望；如果你認為未來只有厄運，你就是在祈求它，當然就會得到厄運。」這些都不是事實。在《陰影效應》書中〈陰陽反轉是關鍵〉提到：「一直到容格才公開倡導要容納黑暗的力量。許多人不解，為何黑暗是一種正向的力量而非破壞力？美國人文心理學界在六〇年代流傳著一個英雄神話：英雄小孩在正面力量裡成長，到了青少年期，他必須以叛逆之姿下墜到黑暗之谷，歷經各種橫逆，終於擒獲內心的巨龍，讓英雄騎龍返回地上，完成英雄的成長。」如果一個人永遠活在正面光明裡，是無法獲得成長的，就像一個永遠活在白天、永晝的人遲早會過勞死。

哈希丁（Hasidism）說：「讓光穿透黑暗，直到黑暗射出亮光，兩者不再有分別為止。」如果我們一味「正面思考」，不願直視人生負面，就像畫中受光的物體沒畫上陰影，便會失去景深與立體感，也看不到真實的全貌。舉個例子：一個菸癮者以為只要不去看吸菸有害的新聞與圖片，也不去健檢，就可以一直活在健康的假象之中，以為這就叫做正面思考，等到最後發現肺癌末期了，才抱怨怎麼正面思考沒有用。**正面思考不是逃避負面的避風港，而是我們必須以積極無懼的態度，同時直視正負兩極，選擇中道，活在真實且平衡中的道理。**

《你不必受苦受難，也能到天堂——新時代運動之父的懶人開悟法》書中這段講得非常好：「拒絕承認汽車的存在，可能會害你被車撞，是因為你沒在看車子，因此看不到車子正朝你開過去。企圖迴避負面念頭，這些念頭遲早會示現在物質層次，無論你有沒有把負面思想帶到意識中，正由於你對它的抗拒，才使它顯現在你的生活中。每當你意識到某些醜陋、邪惡或愚蠢的事物時，最好先捫心自問：我做了什麼，才讓它們在我的意識裡變成真的？」

我們身邊可以看到不少這樣的例子：老夫老妻、兄弟姐妹、父母子女、好友同事，總是彼此唱反調，一個很樂觀的人，卻出身於非常悲觀的家庭，而且他們改不了也躲不開。有的人會因為吸引力法則怎麼也改變不了身邊悲觀的親友而沮喪，那是因為他們沒在高處看到全域。唯有透過正反兩面才能看到事物的全貌，他們就是為你體驗另一極的人生。你若在北極體驗永晝，自然就有人會在南極體驗永夜，這就是你們在一起的原因。等到你悲觀沮喪時，這些原來很悲觀的親友說也奇怪地轉過來安慰你、為你打氣，這就是兩極反轉、物極必反的原理。這點我們在電影〈心靈印記〉裡看得很清楚：一對情侶到印度旅行，兩人手持一台攝影機在同一輛人力車上，攝影機到女子的手裡，鏡頭裡都是鮮花、紗麗，但攝影機一到了男子的手裡，鏡頭裡盡是垃圾、肢障孩童——同一條路上，兩個人看到的是截然不同的世界，但印度的全貌其實是鮮花、紗麗、垃圾、肢障孩童的總和。這就是二元對立世界的特徵，每個人只看到自己眼中的世界，看不到全貌。

我有個很負面悲觀的好友，當我說：「哇，你上班的地方真棒，可以看到海！」他的反應居然是：「好個頭啊！每天潮濕讓我都得風濕性關節炎了！」或是當我看到一片霧茫茫不見天日的景象，感覺自己像是活在仙界雲霧之美，他卻開始抱怨：「這是什麼鬼天氣！視線不佳這樣很難開車耶！」以前我都會說：「拜託你能不能正面思考一點？把我的好心情都搞糟了！」結果就是導致兩人吵架，心情更惡劣。後來我轉換了視點，明瞭他在為我體驗另一極的心境，於是「我想把他拉到正面」的緊張張力就鬆開來了，放掉「想要把他從地獄救出來」拯救者的心態，而且還會用很崇拜的角度，讚嘆他負面之眼所看出去的世界真是特別又有創意，就像是在看黑色喜劇一樣的心情，欣賞著他與我不同的想法，當我完全沒有想要改變他的意圖，於是兩個人的關係瞬間變得愉快，就像是跳探戈一樣！

負面情緒不是吸引而來的，這個二元性的世界有光就有影，有喜就一定有悲，浪高之後就是浪低，不可能一直浪高，這就是能量自然起伏的自然律，就像山泉水得順流落下，去體驗高高低低的生命旋律，如同《草木自己生長》所形容的：「如果太太和先生從來不生氣，你可以確定他們之間沒有愛，因為如果有時候他們生氣，那生氣會使每一樣東西恢復新鮮，事實上，憤怒消失之後，他們將會再有一個新的蜜月，現在每一樣東西都是新鮮的，暴風雨已經過了，它刷新了每一樣東西，它們再度變成新的，那些憤怒消失，然後他們就再度墜入情網，一而再、再而三地墜入情網就是永恆的愛。」

當你努力保持浪高不肯隨波逐流，你就在抵抗能量的自由起伏，很快就會滅頂。如果不去刻意改變浪的起伏，你就可以自由自在駕馭正面與負面情緒，那你就是遊刃有餘的衝浪好手。就如《易經》所示：「陽極必陰，陰極必陽」，究竟是樂極生悲還是否極泰來，存乎一心！

負面情緒可以轉化成為正面能量

《祕密》最大的問題就是逃避負面。在《祕密》書中提到：「如果對你仇敵下詛咒，這個詛咒將會回過頭來傷害你，如果用讚美和祝福對待他們，就會化解所有的負面性與不和諧……感覺不好時，你就是在阻擋美好的事物的到來，因為你是處於一個負面的頻率上，轉變你的思想，想想美好的事物。」請思考一下，只因為你想美好的事物，你就真的感覺良好？還是只是暫時把不好的感覺擱一邊、壓到底下深埋進潛意識？這些負向的能量它們不會憑空消失，請問會流向哪裡？何時會爆發？

當你每一次遇到負面情緒都如《祕密》那樣去想美好的事物，你會失去非常多次藉著「負面情緒」深探自己、調整自己、清理自己的機會，就像你若總是忽略小病徵，硬是以「正面思考」避開迎來的提醒，總有一天會積成無以挽回的重大疾病。《名望，財富與野心》說得很好：「你頭腦裡的負面想法必須被釋放，而不是以正面想法去壓抑。沒有什麼需要被切除、摧毀、壓抑、拒絕，存在賦予你的一切都是美的，你必須利用所有可能的資源，學習如何將憤怒變成慈悲、貪婪變成分享、恨變成愛、恐懼變成自由……你擁有的每一種能量，都可以變成相對的，因為每一種能量都包含了與它相對的那一極。」

也就是說，你必須勇敢「面對」、「釋放」、「穿越」、「轉化」負面而不是逃避它，否則負面能量會陰魂不散，因為有光的地方就一定有影子，就算你不轉身去看影子，影子依然在。有負面情緒是非常正常的，只有認出勾住你負面情緒的心靈宿疾，並徹底經驗負面情緒才能釋放它，拔除它，這樣的蛻變就會為你帶來全新的質變，這個比你硬去轉成正面情緒更有力量。

不要抓著正面情緒不放手，否則就無法順著「流」盪到你要去的地方！

《祕密》書中喬．維泰利博士說：「最重要的就是要感覺愉快，感覺很振奮，必須盡可能地感覺興奮、快樂、調和。」這段話的問題在於，我們活在二元對立的世界，沒有任何一個人可以永遠處在狂喜與振奮中，因為兩極擺盪，無論你待在哪一極，沒多久就會自動擺回反向情緒，就像鐘擺一樣。所以一直處在「狂喜」、「亢奮」的情緒中是不切實際的。

新加坡靈性老師JIRO的建議很好：「當你知道什麼是你喜歡的情緒，留在那裡多待一會兒，讓振動頻率維持一陣子，我們也可以說是讓新的腦神經元長出來、穩定下來，然後不要緊抓著那感覺，自然放鬆，就像猴子在森林中藉著樹藤飛盪的過程，牠得先放掉舊的樹藤，自然地抓住新的樹藤，一段一段地擺盪過去；如果人抓住舊的情緒狀態不放（包括正面情緒），就像是抓著舊的樹藤，當新的情緒狀態來時另一手又抓住它，此時如果不馬上放掉舊的，牠就會卡在兩樹之間動彈不得。所以我們可以放鬆地，順著情緒之流一路擺盪過去，之間可能會從喜悅、到狂喜、到得意、到平靜、到相對低點、到一點點小小失落也都無妨，藉著盪鞦韆似地反彈反作用力再繼續往上盪、往前盪，如此創造之流就能繼續向前流動，而不是困在這個起始的亢奮點，哪裡也到不了。」也就是說，當你知道你喜歡的感覺，在那感覺享受一陣子後就放手，隨順而行。

正因為你看不遠，不知道許願的真正且最後的後果，所以放掉控制，一切回歸自然本律！

一位印度心靈大師說過：「當你感到不幸，那只是因為事情沒有適合你的慾求，事情從來不會適合你的慾求，它們不可能如此，事情只會按照它們的本性走。當你瞭解生命的相反兩極交互作用的韻律，你就會停止要求、停止選擇。」

《蛻變占卜卡》書中舉了一個非常經典、也非常美的寓言：

一個農夫跟神說：「你給我一年的時間，全照我的意思去做，保證將來不再有貧窮。」

神答應了，農夫要求一整年沒有打雷、沒有強風、沒有對作物的任何危險，當他想要太陽、下雨……一切都如他願、如他所計算，但當作物收成時，麥穗裡面沒有結子。農夫很驚訝問神他哪裡弄錯了，神說：因為沒有挑戰、沒有衝突、沒有摩擦、避開了所有你認為不好的，所以那麥子變得無能；一定要有一點奮鬥，暴風雨是需要的，打雷和閃電也是需要的，它們會在麥子裡形成靈魂。」

這就像是很多保護過度的孩子，結果一出家門就生病，因為他在純淨的家裡完全沒有機會鍛鍊他的免疫力是一樣的道理。所以當我們還沒有足夠智慧看到那麼遠時，接受當下是最好的選擇！

生病時把自己放在「已經療癒」的快樂心情上，就會康復？

《祕密》書中提到：「每個不愉快的思想，都是放進身體裡的壞東西……想著『我是健康無恙的』，是每個人都可在內心裡做的事……如果你吸引到某種精神或肉體上的痛苦，那就在心中縮小到面皰大小，拋開所有負面思考，專注在完美健康上……你現在就可以感覺健康！」但其實這樣想太粗糙，忽略透過疾病找到情緒因或是生命提醒的機會，這觀點在《疾病的隱喻》解釋得非常清楚，每個疾病背後都有重要的功課，而且大部分是直指心理的原因，其次才是後天環境，或是先天基因的問題。《失落的幸福經典》（The Game of Life and How to Play It）的舉例是：「風濕病就是因為不斷的指責所造成的，因為批判、不和諧的念頭會造成血液裡不自然的沉澱，累積在關節裡。不當的腫瘤則是由嫉妒、憎恨、不寬恕及恐懼所引起，每種疾病都源自內心的不安。」當你找到疾病背後的情緒因，就必須對症下藥，而不是用「正面思考」就掩蓋過去。

也就是說，如果疾病真的發生了，除了看醫生，以及效仿《祕密》所說：把自己放在已經療癒的心情是不夠的，我覺得還需要加一個動作，就是去研究，為什麼會得這種病？去瞭解疾病要帶給你的專屬課題與啟示，並從中找到可以調整的方向與意義，否則大家生一樣的病，用一樣的正面思考就能解決了不是嗎？

《14堂人生創意課3：五十個問答+筆記本圓夢學》書中舉了我母親的例子：我母親二〇〇六年十月因暈眩送醫，被發現得了「不明原因之血小板低下紫斑症」，血小板值掉到六千以下緊急住院，醫生說這病原因不明，也沒有特效藥，只能以數次全身換血、每天輸血漿的方式，看是否能將血小板指數往上拉。我在極度沮喪之餘開始思考，為什麼平時這麼注重養生的母親，會得這種怪異的病？除了去分析她的飲食習慣，尋找一些可能的原因之外，我在思考這類「免疫系統疾病」的原因應該是：身體本來要抵禦外侵的功能，轉向自我攻擊體內細胞。想到這，我才突然發現其中的關聯性：我母親對自己要求非常高，家人平時相處，也經常把最麻煩的協調工作交給她，如果出了問題，就算完全不是她的錯，她都會責怪自己做得不夠好，長期以來養成「自我苛責」的慣性思考——這樣的心理狀態，完全在身體上如實反應。

當母親在醫院裡開始自責自己的病拖累家人時，我知道如果光是聆聽她的訴苦是無法解決任何問題的，甚至只是加強她「病」的信念。當我給她看了《祕密》的影片與書，教她要「正面思考」無效後，我就改以「清醒如隔岸觀」的心態，仔細聽她所說的每一個字，然後從中找到病的「心癥結」，這癥結包括：對愛的罪惡感，包括自己不值得，不應該……這些信念，都會創造出身體上相對應部位的疾病或不舒服。

換言之，我母親照《祕密》中的方法：把自己想像「已經痊癒」還不夠，還得要注意從現在開始，停止自我苛責、自我攻擊。當時母親在醫院已經換血、輸血無數次，治療了一個月仍不見有重大起色，於是我跟母親慎重地說了這件事，如果她希望病趕緊好，從現在起完全停止自我攻擊，也千萬不要有「這場病會拖累全家人」的自我苛責心理，告訴自己是來休息度假的；而且我還跟她保證（為了給她信心），如果她開始這麼做，再兩星期就可以健康出院。沒想到，在治療方法不變的情況下，接受了這個方法的母親，血小板指數開始攀升，之後就算換血輸血次數減少，身體的抵抗能力仍繼續進步。果然，兩個多星期之後，我母親就順利痊癒出院了，到目前為止都是完全健康的狀態。

從現在開始，心未想，事已成

* 負面情緒不是吸引而來的，這個二元性的世界有光就有影，有喜就一定有悲，浪高之後就是浪低，不可能一直浪高，這就是能量自然起伏的自然律。
* 當你每一次遇到負面情緒都如《祕密》那樣去想美好的事物，你會失去非常多次藉著「負面情緒」深探自己、調整自己、清理自己的機會。
* 有負面情緒是非常正常的，只有認出勾住你負面情緒的心靈宿疾，並徹底經驗負面情緒才能釋放它，拔除它，這樣的蛻變就會為你帶來全新的質變，這個比你硬去轉成正面情緒更有力量。
* 如果疾病真的發生了，除了看醫生，還需要加一個動作，就是去研究，為什麼會得這種病？去瞭解疾病要帶給你的專屬課題與啟示，並從中找到可以調整的方向與意義。

第八點

不判斷、不選擇、不慣性反應、正負全然接受；在兩極之上才是創造的源頭！

不選擇，全然接受，你才有能力跳到上一階！

《奧祕之書》中提到一個很重要的概念：「不要注意在歡樂上，也不要注意在痛苦上，而要注意在這兩者之間……一旦你能夠在憤怒當中，在慾望當中保持不受打擾，你就能夠跟慾望玩、跟憤怒玩、跟擾亂玩……一旦你覺知到這個兩極性，你就首度變成你自己的主人，否則別人是你的主人，如果其他的某人能夠使你快樂和使你不快樂，你就只是個被別人掌握悲喜的奴隸。」

或許效法《祕密》所說，臨時切換到「正面思考或感覺」，可以暫時逃避負向能量的創造與循環，你關注的會放大，不關注的會變小，但不會消失。你可以觀察一陣子，當你切換到「正面思考或感覺」後，沒多久這負向的感覺又會在別的人事物上，以別的形式再度顯現在你面前，陰魂不散。當你感覺良好後，還是要回來處理原來的問題，比方你必須參加的考試、必須處理的家人生老病死（此乃自然宇宙律，用正面思考也改變不了的），你只能從相對平靜的心態中，找到真正的生命意義與啟示，例如：小病早發現早治療、家人生病時是全家人團聚一起面對與說真心話的時刻……真正治本的是：改變你對這事的態度，例如對於貧窮的態度、生病的態度、失去財富的態度……也就是說，發生什麼並不重要，重要的是怎麼看你眼前的事，當你學到如何從過去認為的悲劇中找到正面意義，你才能在正與負之上領悟到更高的啟示。

《名望，財富與野心》說得很清楚：「痛苦源自我們的選擇，喜樂來自我們的不選擇，當你贊成某些東西或是反對某些東西時，你已經把存在一分為二，你已經做出了選擇，選擇就是地獄，不選擇才能從地獄裡解脫出來！不管發生什麼事，就讓它發生，不要做出你的選擇，無論迎面而來的是什麼，歡迎它，有時候來的是白天，有時候來的是黑夜，有時候來的是幸福，有時候來的是不快樂，當你保持在『不選擇』的覺知裡，單純地接受所有一切的發生，你的生命將會開始出現超越正負、比這兩者更高的東西，這就是『實存』。」這就是超越「正面思考」的真正創造境界：無正無負、不執任一極、一切回歸初始，全新創造。

你所面對的人事物並無正負，讓你受苦的是你對這人事物的負面信念！

《祕密》提到：「專注在負面的事物上，是無法幫助這個世界，你只會增加它們的效應，也會把更多負面事物帶進自己的生命裡。」透過前面七章的深度探討後，我們已經明白了：眼前的人事物本身是沒有正負的，即便是地震、海嘯、火山爆發、颱風……這樣的大型災害，那是地球幾億萬年的自然現象，是人們加諸這些自然現象「正」與「負」的標籤，就像一場雨，對求雨若渴的農夫而言是天降甘霖，對已經洪水成災的難民來說就是天地不仁。

當你如實且不判斷地看待這些自然現象時，你會明瞭地震、海嘯、火山爆發、颱風……就是地球自身「地」、「水」、「火」、「風」能量的自然流動，當你願意撕掉「正」與「負」的標籤，不帶過去成見去看這些眼前的變化，你就能從悲劇受害者的角色跳脫出來——這就是「你所面對的人事物並無正負，讓你受苦的，是你對這人事物的負面信念」的道理。

《現在的你就是最好的你》作者寺田和子，引述印度靈性老師巴關的說法：「因為人對所看到的事實會賦予某些想法或情感，所以要以單純的眼光看現實，看清現實原貌，把自己內在想法、觀念，跟外在的事實分開。」舉一個跟愛情有關的例子：有人一失戀，旁邊的朋友就會安慰她：「他失去了一個愛他的人，妳失去的是不愛妳的人，下一個男人會更好……」依我的觀察是，如果她沒有從這情傷徹底頓悟自己內在關於「愛的課題」，沒有了悟「用不同思維方式回應，就會有不同的結果」，那麼她還會繼續遇到這樣的男人，繼續重蹈覆轍。

這世界上沒有誰先天是好人或是壞人之別，只有你看待他／她的方式、與對待這個人的態度，決定了他／她要在你面前自然而然地成為好人還是壞人。建議大家要特別留意：每一次引發情緒的時刻，因為每一次重大情緒襲來，就是最好的跳躍，並當下立即覺醒的最佳時刻，覺醒機會就在每一天每一分每一秒，不要再老是對著情緒做一樣的反應。我自己的方式是：當我對某人產生情緒，例如：憤怒、不平、妒忌、厭惡、恨、不耐煩、對抗、抱怨、心碎……當情緒一來，我會暫停這情緒所做的反應，退後三步看著情緒，盯著它，看透它，看穿這情緒的詭計之後大笑三聲，徹悟之後這情緒就是你覺醒的關鍵跳板，是讓你跳過心牆的跳板，而不是讓你一再拿頭撞牆的門板。等你轉換完情緒後，再思考如何回應對方，因為同樣一個人說同樣的話，你用不同思維態度回應，就會有不同的結果——只有你用超然角度看，就能改變其本質與結果，如此才有機會把舊的悲劇模式轉向。

當你了悟：**受苦是因為你對愛的不當信念，並非是某個人讓你受苦，所以離不離開誰不是重點，重點是離開讓你受苦的信念，才是根本**

之道。如果你還帶著這些讓你受苦的信念，即使是跟再好的人談戀愛，也會從天造地設搞成地獄怨偶！

想知道自己在某項人生課題是否過關，只需找人陳述你過去重大創傷事件，然後錄下來自己聽一遍，如果陳述完的心得結論是：「從此記取教訓，以後要提防這樣的人……」表示這課題還沒過關，很快要再重修。如果你的陳述與結論，打從心底感激這些創痛帶給你無價的領悟、視野、新機會，那表示過關了！要記得：覺醒不在遙遠的山上禪院或是教堂，就在你發生重大情緒的那一刻。下次遇到情緒海嘯時千萬不要再錯過了，因為已經錯過了無數次，現在可以覺醒了，從情緒的深淵中跳出來吧！

跳脫正負極之上的全空量子場，你才能創造全新的狀態！

《名望、財富與野心》提到：「你必須創造一種既非正也非負的意識，那將是一種純粹的意識，在那純粹的意識裡，你過著最自然、最幸福的生活。」這就是老子《道德經》所言：「道生一、一生二、二生三、三生萬物。萬物負陰而抱陽。沖氣以為和。」

自宇宙大爆炸，萬事萬物的本源是空無、生出一，然後有二極陰陽。如果真的要啟動創造法則，不可能只在正或負某一極裡才能啟動，一定是在兩極之上才有完整的創造動能。《蓮師心要建言》：一切對境皆不真實。我們可以這樣理解：所有的「相反詞」都不是永恆為真，例：正負、陰陽、自他、悲喜、愛恨、離合、堅貞與背叛、白天與黑夜、神聖與罪惡……都是虛幻可變的，只要還有相反詞，就還有另一極，就表示能量還不穩定，並非純粹的狀態。所以沒有必要「選邊站」，因為在二元對立之上還有一個「合一」、「永恆」、「浩大」的層次，那才是終極所在。當你沒有相反詞的概念，也就沒有兩極選擇，於是可以「純粹」創造，這也正是「不生不滅、不垢不淨、不增不減」的心經境界。

我在《變局創意學》中提到：依循量子物理學的脈絡，以「弦理論」的概念來看，如果我們要創造一個全新的軌跡，應該要回到「全淨空的量子場」，也就是科學推論出「零點」之所在，將自己放在一個「尚未有定義、一切尚未成形」的全空無、彷彿真空的狀態，然後才可以「沒有成見」、「沒有固定路徑」地發想一切的可能，就像再來一場宇宙大爆炸般的創造力，如此才能刺激出新的大腦神經元，創意也才能瞬間跳到全新的層次上瞬間擴張、繁衍成無限可能，倘若我們沒有回到「全淨空的量子場」，依循舊的軌跡是無法創造新事物的。

「全淨空量子場」的概念，已經在能量醫療上被廣為運用。心理學家伊賀列卡拉・修・藍博士（Ihaleakala Hew Len, Ph.D.）在一九八三年起，教授並臨床應用的「荷歐波諾波諾療法」（Hooponopono），這是一個能在不見到病人的情況下，把整個醫院裡的精神病患全都治癒的療法。伊賀列・卡拉・修・藍博士在《零極限》書中提到：「『零極限』就是回到零的狀態，在這個狀態中，什麼都不存在，但什麼都有可能。在零的狀態裡，沒有思想，沒有語言，沒有行為，沒有記憶，沒有程式，沒有信念，沒有任何東西，只是空無……如何用一個全新、無污染的鏡頭來消融其他鏡頭，一旦成功了，你就會到達所謂『零極限』的地方。你們可以用兩種方式過生活：用記憶，或是用靈感。記憶是舊有程式的重演，靈感則是神性給你的訊息。你若要的是靈感，而聽到『神性』的訊息與接收靈感的唯一方法，是清除所有記憶，你唯一要做的就是清理。而這裡所提到的『神性』就是『零』的狀態，在這個狀態中，我們沒有極限，沒有記憶，沒有身分，只有神性。在生命的某些片刻，我們曾探訪過零極限的狀態，但大部分時間，我們都讓垃圾，也就是稱為記憶的東西一再重演。藉由清除，你來到一個零極限的地方，一個看穿意念、走向本源的地方，也就是零的狀態。」

讓我們回來再看看《祕密》書中提到「正面思考的吸引力法則」，如果只在正面感覺中去創造，因為能量是正負交替的，所以常有可能會發生：正面思考怎麼會引來負面結果、正面思維的伴侶身邊怎麼會是負面悲觀的伴侶……這些與《祕密》相反論證的例子，這是因為在同個層次上轉換正負，是會隨時再擺盪回來，你只能跳脫出這個思維感覺正負極之上的全新層面，這層面你未曾到過，未曾體驗過任何事物與情緒，所以是零、是空無、沒有情緒、沒有過去反應的軌跡，這就是一種全新歸零的狀態，回到空性空無之中，像是一顆剛受精的卵，細胞都還沒分化，於是你可以開始決定你要誕生出全新的什麼出來，這才能真正跳出原有的思維感覺軌跡，才能完全突變。

我很喜歡《靈界大覺悟》書中提到的創造境界，對我來說，這才是超越正向吸引力法則，真正能進入「創造」的「究竟涅槃」：「我發現自己擁有另一項特異功能，只在心中想像一個空白的空間，我就能離開地球，旅行到一個純粹由觀念構成的世界，在那兒，透過想像力，我可以隨心所欲創造任何東西，我創造海洋、山脈和美麗風景，我甚至按照自己的意願，創造人的形象。我創造過無奇不有、形形色色的東西，每一件看起來都跟地球上的東西同樣真實。」也就是說，只有回到不負不正的空白場，這裡沒有「舊的振動頻率軌跡」導致你重蹈覆轍地創造舊狀態，只有全空才能創造全新的疆域，所以不必許願，在正負之上、一元之初直接創造式地行動，一如JIRO所說：「**當你的振動頻率一調整，舊的人事物會以最快速度崩解，以留出新的空間讓『與你頻率相應』的人事物進來，一起共創你的新生活。**」——這就是顛覆《祕密》最重要的一個關鍵思維。

《失落的幸福經典》說：當海面平靜，船隊就駛進來了。無論是東方的《老子》、《金剛經》裡的：我皆令入無餘涅槃而滅度之，或是西方的荷歐波諾波諾，都知道「必須在兩極之上才是創造的源頭」，創造的真正本源是在「零」，不在「正極」。當我們的「腦硬碟」消失後，整個宇宙就是無邊無界的創造場，連你都消融在其中，就像雲端資料庫有著大無限的運算空間，就不再需要有限的硬碟了。

從現在開始，心未想，事已成

＊你所面對的人事物並無正負，讓你受苦的，是你對這人事物的負面信念。

＊在二元對立之上還有一個「合一」、「永恆」、「浩大」的層次，那才是終極所在。

＊覺醒不在遙遠的山上禪院或是教堂，就在你發生重大情緒的那一刻。因為每一次重大情緒襲來，就是最好的跳躍，並當下立即覺醒的最佳時刻。

＊你只能跳脫出這個思維感覺正負極之上的全新層面，這層面你未曾到過，未曾體驗過任何事物與情緒，所以是零、是空無、沒有情緒、沒有過去反應的軌跡。

＊創造的真正本源是在「零」，不在「正極」。當我們的「腦硬碟」消失後，整個宇宙就是無邊無界的創造場，連你都消融在其中，就像雲端資料庫有著大無限的運算空間，就不再需要有限的硬碟了。

第九點

「期待」就是把你帶離當下，本身就是錯誤的創造法則！

只有當下才是真的，當下才具有全力量！

《祕密》書中〈祕密的運用〉這篇提到：「做一次『要求』，『相信』你已經得到，然後在『接收』的部分，你只要去感覺喜悅就好。」以及在〈金錢的祕密〉這篇提到：「『當下』就『是』快樂的，並且『感覺』快樂，這是把金錢和其他你想要的事物帶進你生命中最快的方式。」這兩段話矛盾的地方在於：如果真能在「當下」感到滿足與快樂，而不是「假裝相信自己已經得到」，那當下的快樂就足以讓你不再需要「要求」，因為當下什麼都有，所以不需要向虛幻的未來作夢。這也是《名望，財富與野心》所說：「任何一個有意識的人，他沒有什麼好要求的，因為他已經擁有一個人所能要求的一切事物。」

像這樣的矛盾，在《祕密》全書中比比皆是，例如在〈強效的方法〉這篇提到：「『期盼』是一股強大的吸引力，因為它能把事物拉向你……『渴望』把你與所渴望的事物連結起來，『期盼』則把它拉進你的生命裡。」但我們知道，「期盼」或是「渴望」會把我們帶離「當下」，但事實上是只有「當下」才是真的，當下才具有全力量，未來還沒到，所以未來無法給你任何力量。

這就是《名望，財富與野心》所明示的：「每個慾望都來自過去，而每個慾望都被投射到未來，過去是那個已經消失的，而未來則是那個尚未發生的，兩者都非實存。然而『現在』才是唯一的真實。當你想要某樣東西時，『期待』已經把你帶離開當下，讓你一直錯失眼前。昨天也曾經是未來，你也曾經作過關於它的白日夢，現在它就在這裡，但是有任何事情發生嗎？」

活在當下是沒辦法編故事的！當你「期盼」或是「渴望」，你就不在「當下」，「期望」讓你把目光投向未來，一旦願望不成真，期望一落空後就會讓你跌入失落沮喪，就算「假裝」喜悅，也無法啟動相應的創造弦能量，反而更糟。**這就是為什麼當我們在做「要求」、「祈禱」、「向宇宙下訂單」時……會很難成真的原因。**

當你在合一狀態，你就只剩下「決定」而不再需要「許願」！

《名望、財富與野心》提到：「這是一項很基本的法則，事情是自然發生的，而且事情是依照它們自己的方式發生著，你沒辦法操控它發生，所有重要的事件都無法由你所操控，它們超越你的掌控，你頂多只能允許它們發生，你頂多只能敞開大門，讓事情發生，但你沒有辦法迫使它們發生。」這就是前面我們提到的自然律！

前陣子與一位一起去印度修行的朋友T在網路上「筆戰」，與其說是筆戰，還不如說是互相激盪出「心想事成」更深層的真理：

好友T問：「『心想事成』所創造出的是幻象，還是與宇宙共同創造的實相？如何覺察哪些是幻影？那些是宇宙的訊息？」

我回答：「如果你在覺醒狀態，就沒有『心想事成』這件事，因為一直都在當下，真的沒有過去印痕軌跡，沒有未來投射，只有當下決定與實現，無需『想』（think），因為此刻就是being，你在合一狀態的此刻已經完成一切。」

這次激盪過後幾天，T在臉書上貼了一段話：「請記得，當全世界壓得你不得不屈膝時，你就處在祈禱的完美境況中（Remember, when the world pushes you to your knees, you are in a perfect position to pray.）。」

我回應：「當你感到『全世界壓得你不得不屈膝』時，就已經處於痛苦的狀態（我相信在同一情況下，有的人不會覺得受苦）。心若要自苦，祈禱是沒有意義的，上天也幫不了想自苦的人，得自己覺得苦久了、受夠了，自己決心跳出來才有意義。」

T回應：「如果可以這樣，那代表已經與萬物合一，當然就不會有這樣的問題，那段話是給正在受苦的人看的。」

我回應：「對於正在受苦的人而言，祈禱是沒有用的，因為祈禱是把『自己改變命運、重新創造新生命版本的權利』交給上天，況且『祈禱』讓你永遠離夢想一步之遙，這一步就是信任。我很喜歡新浪微博〈精采語錄〉上的一句話：如果你向上天尋求幫助，說明你相信老天的能力；而如果上天不幫你，則意味著祂也相信你的能力。覺醒之人不會受苦，除非他自己選擇清醒地受苦。」

T回應：「祈禱，就是讓上天給你這個決心。絕大部分就是這個決心難啊！」

我回應：「決心是自己給自己的，真的不是誰能給的！當你進入合一狀態，就是非正非負之上的那空無狀態，你就是全然的創造者，此時你就真的不需要祈求誰來幫你救你，因為在這層次上你完全明瞭：你所面對的一切，真的都是你的決定、你的創造，如果你不喜歡這個處境，你唯一能做的就是：釋放負面，平衡正負，調整歸零，然後躍於兩極之上，全新創造。」

也就是說，當你在合一狀態，你就只需要「決定成真」，而不再需要「許願」了！這正是佛陀所傳遞給我們的最高智慧：「當你無慾時，你所有的願望都會實現。」就像是我的印度老師沙蓮華說的：「沒有願望，才是最大的願望！」只有這境界的頻率，才是霍金斯情緒表格「寧靜喜悅」以上的頻率層級！

霍金斯博士意識能量層級圖表

1	開悟正覺：700-1000	7	希望樂觀：310	12	渴愛欲望：125
2	安詳極樂：600	8	中性信賴：250	13	恐懼焦慮：100
3	寧靜喜悅：540	9	勇氣肯定：200	14	憂傷懊悔：75
4	愛與崇敬：500		**頻率標度值200，是一個人正負能量的分界點**	15	冷漠絕望：50
5	理性諒解：400	10	驕傲輕蔑：175	16	罪惡譴責：30
6	寬容原諒：350	11	憤怒仇恨：150	17	羞愧恥辱：20

許願若設定時間，表示你在錯的層次上許願，難怪無效。

人的祈禱之所以無效，就是因為在錯的層次上許願，只要是不在「一元」之上進行創造，都會產生相反性，自己不要的也跟著來。

此外，很多人在祈禱或許願時會設定一個「完成的時間」，例如：「我希望在情人節前遇到真命天子」、「我希望在下個月時能找到新工作」……當你指定了某樣人事物在某個時間出現或成真，這個時間設定就讓無邊可能的創造之流有了侷限。

章成說：「不要進入那種『必須』的急迫感，因為這已經被籠罩在線性時間的幻象中。」**在正負兩極之上的層次是「純粹的」、「無時**

間」狀態，一切都是新的，都還沒形成軌跡，所以根本不必要求成真的時間，你就直接淨空後全新創造，它會有自己成真的時間，絕非現在的你可以設定或是控制的。

《EQ》作者丹尼爾．高曼，在《無盡的療癒》的序中提到：「我們每個人一生中都曾經因為某件很美的事，或因為做一件事太投入而完全忘我，忘卻了時間也無視周遭的干擾。這些明亮的剎那是寶藏，它讓日常的焦慮或慣常的念頭止息，自然地引領我們進入另一種存在的狀態。」在〈成為量子〉文中也提過一段話：「在你們時間謬誤的觀念裡，你自己決定行事的時間、地點，那是違背一切量子概念的……」也就是說，全新的創造應該是「無時間」（timeless）的狀態，因為「無時間」所以「沒有急迫、沒有壓力、沒有未來」，於是在做這件事時，會處在絕對的：悠閒、寧靜、自在、喜悅——這也就是在《探索意識極境》提到：「西藏密宗金剛乘，以純淨的意識超越時間空間限制，藏著宇宙所有智慧與能量的創造力。」

電影〈快樂頌〉中，貝多芬在平時生活的脾氣非常暴躁，讓身邊的人都非常怕他、討厭他，但當他開始創作音樂時，他完全寧靜專注地投入他的創作，忘了吃飯忘了睡覺，彷彿時間在他的創作世界中停止了，於是他所創作出來的音樂，讓所有的人都如癡如醉，連討厭他的人都會因為他的曲子流淚。我之前在《變局創意學》中舉自己的實例：雖然我現在寫作的時間被切得零碎，也有交稿時間的壓力，但只要我開始進入寫作狀態，一定是關閉手機、電話、電鈴，打開宇宙清靈的音樂，然後把身邊所有的時鐘都收起來，讓我處在一個「完全無時間」的真空狀態，等到我餓了才起身去吃，累了就睡，醒來再寫，沒有固定三餐與睡眠，正因為完全失去時間感，所以家裡冰箱必須存放三天食物，因為有時寫到一個段落想吃東西時，發現窗外天色已經是半夜了；也因為沒有時間、沒有自己，有時我走過鏡子還會被邋遢的樣貌嚇到——這也是在「不動中動」的最高境界，直接把時速轉為零，活在一個與時間無關的狀態下，當你在做重要的事時，就不會被高分貝的「時間噪音」所干擾，就像哆啦A夢的「時空任意門」：讓此時此地的時間暫止，去另外一個時空冒險，冒險完再回到原時空，卻沒有人發現你消失了。

關於「在正負兩極之上的層次是純粹的、無時間的狀態，一切都是新的，都還沒形成軌跡，所以根本不必要求成真的時間」這樣的概念，聽起來可能有點抽象難懂，但MBA智庫百科中這個非常極端的實例，就是最清楚的明證：

斯托克代爾是美國的一個海軍上將，在越南戰爭期間，是被俘的美軍裡級別最高的將領。但他沒有得到越南的絲毫優待，被拷打了二十多次，關押了長達八年。他說：「我不知道自己能不能活著出去，還能不能見到自己的妻子和小孩。」但是他在監獄中表現得很堅強。

越南人有一次爲了表現他們優待俘虜，把他養了一段時間，準備給他拍照。結果斯托克代爾就自己用鐵條把自己打得遍體鱗傷，並用刀片把自己的臉割破。越南人拿他沒辦法，只好放棄了。

他爲了鼓勵監獄中的同胞，因爲是一個人關一間，彼此看不到，就發明了一種密碼，通過敲牆用快慢節奏來表達英文字母。有次一位戰俘因思念家人掩面痛哭的時候，他們全監獄的戰俘都通過敲牆，用代碼敲出了「我愛你」，那個戰俘非常感動。

斯托克代爾被關押八年後放了出來。《從A到A+》（Good to Great）的作者吉姆・柯林斯先生去採訪他，問：「你爲什麼能熬過這艱難的八年？」斯托克代爾說：「因爲我有一個信念，相信自己一定能出來，一定能夠再見到我的妻子和孩子，這個信念一直支撐著我，使我生存了下來。」

吉姆・柯林斯又問：「那你的同伴中最快死去的又是哪些人呢？」他回答說：「是那些太樂觀的人。」

吉姆・柯林斯說這不是很矛盾嗎？爲什麼那些樂觀的人會死得很快呢？斯托克代爾說：「他們總想著聖誕節可以被放出去了吧？聖誕節沒被放出去；就想復活節可以被放出去，復活節沒被放出去；就想著感恩節，而後又是聖誕節，結果一個失望接著一個失望，他們逐漸喪失了信心，再加上生存環境的惡劣，於是，他們抑鬱而終。」斯托克代爾堅持下來的祕訣是：「對長遠我有一個很強的信念，相信自己一定能夠活著出去，一定能再見到我的妻子和小孩；但是我又正視現實的殘酷，在困難面前變得更加強大。」——這就是持續五十年世界五百強企業採用的理論：斯托克代爾悖論。

斯托克代爾被釋放後，成爲美國海軍史上第一位同時榮獲航空勳章和國會榮譽獎章的三星將官。關於囚禁在戰俘營的八年中，斯托克代爾夫妻倆各自的經歷，也在他們合著的《愛與戰爭》（In Love and War）中有動人的詳述。

前面八章我們探索「正面思考」所造成的問題，在斯托克代爾的真實故事中一一顯現：1.對未來樂觀，讓自己失去「勇敢面對當下真實現況」的力量。2.樂觀許願、設定夢想時間，然後讓失落一再打擊自己的信心。

所以躍入正負兩極之上「純粹的」、「無時間」的層次，發揮當下的力量，這才是創造自己命運的應許之地。

從現在開始，心未想，事已成

*只有「當下」才是真的，當下才具有力量，未來還沒到，所以未來無法給你任何力量。

*「期望」讓你把目光投向未來，一旦願望不成真，期望一落空後就會讓你跌入失落沮喪，就算「假裝」喜悅，也無法啟動相應的創造弦能量，反而更糟。

*當你在合一狀態，你就只需要「決定成真」，而不再需要「許願」了！這正是佛陀所傳遞給我們的最高智慧：「當你無慾時，你所有的願望都會實現。」

*新的創造應該是「無時間」（timeless）的狀態，因為「無時間」所以「沒有急迫、沒有壓力、沒有未來」，於是在做這件事時，會處在絕對的悠閒、寧靜、自在、喜悅。

*「不動中動」的最高境界，直接把時速轉為零，活在一個與時間無關的狀態下，當你在做重要的事時，就不會被高分貝的「時間噪音」所干擾。

第十點
生命藍圖高於創造法則之上！

超乎於「吸引力法則」、「創造法則」之上更可貴的「生命藍圖法則」

《祕密》書中〈關係的祕密〉這篇瑪莉．戴蒙提到：「我們是自身宇宙的創造者，生命中我們想達成的每個願望都能實現。」這段話在前面第八點中：「跳脫正負極之上的全空量子場，你才能創造全新的狀態」的邏輯下是對的，但這時候就有人要問了：「我打從心底就熱愛自由，也不打算要有小孩，可是怎麼還是懷孕了？」這就牽涉到你的人生藍圖究竟打算此生來體驗什麼，很多時候心想事不成的原因在於：我們忽略了**在「合一創造法則」之上還有一個更高層次的運作：生命藍圖法則。**

這部分的領悟，是我在練習「創造法則」多年後，以及觀察身邊親友、讀者的例子發現，即使是創造力很強的人，他雖然在大部分的領域中可以瞬間創造成真，但卻偏偏在某些課題上怎樣都使不上力。後來我發現，原來在創造法則之上還有一個更高的：生命藍圖法則，就是：**此生你需要學習的課題，早在你的生命藍圖中就已經確立了，並已存在你的DNA之中。在你還沒學會該課題之前，所有的創造法則都將在這張藍圖內運行，這張生命藍圖就是你逃不出的如來佛手掌心，你得真的學會該項生命功課後，你才能換全新的藍圖。**

再回頭看看剛才舉的例子，我的一個射手座同事抱怨：「我打從心底就熱愛自由，也不打算要有小孩，可是我女友怎麼還是懷孕了？而且她堅持生下來……」除掉生理因素不談，如果把這個「意外」視為不可逃避的課題，他一向自由慣了，女友一個接一個換，工作也是，居住地也是，他每次一遇到問題，比方跟爸媽吵架、跟女友吵架、跟老闆吵架或是跟房東吵架，他唯一的解決方式就是「逃」，所以他始終學不會「負責任」這個課題，突來的寶寶就成了他一輩子逃也逃不掉的血緣關係，他得對寶寶負責——於是他就從這個意外而來的寶寶身上，開始學會怎麼當爸爸，怎麼對一個新生命付出全然的愛與責任，他的例子讓我親眼看到超乎於**「吸引力法則」、「創造法則」之上更可貴的「生命藍圖法則」**。

《召喚天使》書中提到：「如果你來此生有一些誓約，比方貧窮、孤單……當你確定不要這些不當契約，也可以透過『療癒』的方法解除，當完全卸載了這些阻礙你的生命誓約，你才有真正心想事成的能力。」此外，如果願望有違靈魂成長，也不會成真。

還有一個比較極端的例子：〈劫後餘生〉是一位熱愛自由的廣告片導演自拍的紀錄片，他在一次重大車禍中差點變成植物人，但他靠著自己的意志力，終於打破許多醫學上的不可能，至今既可以滑雪、讀研究所、拍片……一切正常。他也會問自己：為什麼我會遇到這麼倒楣的事？我又沒有悲觀地「吸引」車禍到我生命中？

《從未知中解脫：10個回溯前世、瞭解今生挑戰的真實故事》（Courageous Souls：Do We Plan Our Life Challenges Before Birth?），把超越吸引力法則、創造法則之上的生命藍圖法則解釋得非常清楚：「當我們到這個世界之前，我們擁有自由意志創造一部分屬於出生前計畫中的人生考驗，這裡的關鍵字是『創造』，我們所經歷的事都是自己創造出來的……我們需要那些經由它們所產生的智慧，在這種情況下我們的直覺並不會引導我們避開所需要學習的歷程。當我知道了出生前計畫之後，要按照自己出生前所訂好的計畫走下去，是需要非常大的勇氣。現在的我瞭解到，我們可以用全然不同的角度看待人生中的種種挑戰。」

這些生命中的挑戰，特別是非常重大的挑戰與考驗，與你是正面或是負面無關，與你是否有能力創造新版人生無關，而是：你學會了該學的人生功課了嗎？例如：能從生病中學會愛自己、從身體殘障中學到腦可以天馬行空般的自由無限（如無手無腳的力克）、從財富大起大落中辨認出何謂真實、從死亡與分離中學會愛與珍惜。每一個體驗都彌足珍貴：得到與失去、成功與失敗、健康與疾病、富裕與貧窮、自由與囚禁、奮鬥與享樂……兩極你都體驗到，這才是人生的圓滿。

用什麼方式讓大多數人可以享有最多的愛、學到更多的智慧？這就是最大格局的人生藍圖！

新銳編劇薩奇荷翁的〈口白人生〉（Stranger than Fiction），是我看過非常有意思的電影，很多人會把它當成一般的娛樂片在看，那就錯過了非常寶貴：關於視點與劇本切換的祕訣。

先簡單敘述一下劇情：知名女小說家凱倫艾佛，花了十年時間將要完成新作，但她卻困在一個寫作的瓶頸，就是不知道書中的主角哈洛克里，該以怎樣的死法做為漂亮的結束。凱倫並不知道，哈洛克里真的存在於這個真實世界，而且是跟著作家筆下的口白，同步生活著——當一板一眼的國稅局查稅員哈洛克里，某天突然聽到陌生女子念著小說般的口白，同步說出他正在做的事、正在想的事、將發生的事，包括預告了他的死亡時，他很緊張，找了心理醫生，卻無法解除那個聲音。於是他去找了文學教授，希望能協助他找出，正在寫這部小說的作家究竟是誰，在她決定他的死亡之前，來得及勸阻她手下留情。

文學教授先要哈洛克里待在家裡一整天不要出門，也不要做任何事，看劇情會不會自動找上門，用以確定他的命運是否真的操之在他人手上——果然，他在家動也沒動，卻莫名其妙有個烏龍挖土機，把他家的牆錯挖了一個大洞，所以確定哈洛克里的命運，是被操控在另一個力量更高的人手上。

於是，文學教授繼續協助哈洛克里找出那位作家，他推論那位作家是誰的方法很有趣：請哈洛克里帶一個空白記事本，記錄一天的悲劇事件多，還是喜劇事件多，用以判定在幕後操縱他命運的，是一位悲劇作家還是喜劇作家。當他發現一整天下來，悲劇事件遠遠超過喜劇事件時，文學教授建議他，反正悲劇到後來都會死，而且他又不能自己控制死法、死期，所以乾脆要他反叛到底，大膽地脫離平日中規中矩的生活軌道，盡情地去做自己想做的事、去追自己心儀的女子、去學夢想中一直想彈的吉他。

意外在一次電視專訪的節目中，哈洛克里突然辨認出那位女作家的聲音。文學教授說，這位作家慣常以悲劇性的死亡來結束小說，這讓正在熱戀的哈洛克里非常緊張，以國稅局的檔案資料，找出這位女作家的聯絡電話與地址，以親自現身的方式，向這位作家證明他真的存在。

當女作家看到筆下人物活生生在眼前，震驚之餘，只好把手邊的初稿，包括尚未打進打字機定稿的後半段書稿，全數交給了哈洛克里。當他看完了全本小說，卻出乎意料地，欣然接受自己被安排的死亡方式；於是在預計要發生事故的當天，他照例親吻了他的愛人，依他當日的行程準時出門，並沒有刻意避開那天預定好的死亡事件：為了救一個快要撞上公車的小男孩，自己迎面撞上了車子。

劇本原定是哈洛克里將在這場事故中喪命，但女作家在打字的前一刻更改了結局，只讓他受了重傷，住進醫院裡躺了幾個月。文學教授問女作家，原定的結局比較震撼，為何要改？她說，一個這麼有勇氣面對自己命運的人，怎能不讓他留下來？

我被這段情節的安排與對話震懾住，的確，對一個已經看到全劇本視點的人而言，其實是有能力讓自己避開災禍，但他卻選擇對全劇本所有人最好的版本；他義勇救人的新聞，感動並影響了當時很多人，放棄只保護自己的狹隘想法，於是他的命運轉變了，因為他值得活下來進入更廣大的劇本，擁有更大幫助人的能量——當男主角願意勇敢地接受「自己會意外死亡以成就大局」的命運，把這一天過得無愧於心、無愧於所愛的人，接受現況並展演出最好的版本，於是他才有機會翻轉劇本，因為他已通過舊劇本的考驗與學習，就像通過了國中的畢業考試，晉級到高中是一樣自然而然的。

男主角坦然接受捨身救人的劇本，最後卻奇蹟式地跳脫出原本既定的死亡命運，僅以受傷延續了他的生命。所以當我們被困在現況，我們不要再繼續入戲地只演著自己的角色，煩惱著眼前的人事物，而是必須馬上跳脫出來想像：如果我們是「自己與身邊所有人」的全觀編劇者，我們會寫出怎樣的劇本，裡面會有哪些關鍵的情節，你可以用什麼方式，讓大多數人可以享有最多的愛、學到更多的智慧？這就是最大格局的人生藍圖。一旦你看到了，你自然就清楚整部戲該怎麼展演到最好，於是你就可以很快地跳開這劇本、跳脫輪迴，進到全新的生命狀態。

「心悅誠服、不逃避地全然接納現況」必須要有更高的視點、更廣的關懷、更大的勇氣，會義無反顧地，置個人死生於度外，就如同《創造力》書中提到的：「沒有『我』的概念，也沒有『個人與整個存在是分離的』這想法，在合一當中，個體與整體間沒有衝突，個體只是流動融入整體，而整體也流動融入個體中。」

要脫離角色不容易，因為大部分人入戲太深。要覺醒，就必須先從自己的夢、自己的劇本中醒過來，活在片刻沒有身分、對白、情緒的空性狀態，也只有「跳出去」，以劇作家的角度重審自己的戲，以觀眾的位置端看自己演的戲，才能看到整部戲的精神，就不會只困在其中一個角色，看不到編劇與導演的全劇視野。

能以全像角度看全劇本者，才是真正懂得「臣服」真諦的人，因為他可以清楚看到，一切的發生都是有理由的：冬天需要儲存能量，所以一年四季之中，沒有任何一個季節應該消失；黑夜是必須存在的，否則人們無法安眠；失敗是必須的，否則人們不懂得適時停下來休息；颱風下雨是必須的，否則生物就無法展現奮鬥的生命力……當我們瞭解，所有的發生都是有其深刻的道理，所有的組合都是最完美的時候，當下就圓滿了，我們不再執著於「正面思考」，生命已經全盤蛻變成：享受、慶祝、分享、感謝，四件事而已。

此外，我們可以仿效電影劇情，分出另一個「同步客觀、旁觀解說我們的生活」的自己，幫助我們隨時覺察到自己的每個念頭、每個動作、每次與人溝通的狀態，並隨時問自己：這個念頭、這句話、這個動作、這個反應，正在幫自己創造什麼、一天後、一週後、一年後會產生怎樣的結果——這也是讓你很快看到模式，進而改變慣性的有趣實驗法，比吸引力法則更務實。

不必找修行老師，不必找預言家，只需帶個錄音筆，把你今天所說的話全部錄下來，特別是你跟別人抱怨的事，到晚上睡前以旁觀者的角度全部聽一遍，並看一遍自己今天寫出去的所有文字，就一清二楚自己身心靈困境的盲點在哪，也可以就這些聲音文字知道：自己的未來會變成如何。

我很喜歡電影〈香草天空〉中一段對白：「每一分鐘，都可以是改變一生的關鍵機會。」所以，你能比原劇本寫定結局之前，更早一步領悟到什麼？如果你是自己的劇作家，要在生命劇本中安排什麼？想要透過這場人生戲學到什麼？想要觀眾、身邊的人領悟到什麼？沒有了無限期的明天，今天的你最想做什麼……這些是在看完電影〈口白人生〉

後，可以深度問自己的問題，這些也是真正能跳出吸引力法則的框架，跳到最高的生命藍圖層次去翻轉命運的關鍵！

只要我們到達生命藍圖最終極泉源的狀態，面對浩瀚無邊的大我，無念也無為，一切俱足，這也是我提出吸引力法則三個層次的最高層次：

心想事成：每天專注於在某一目標去努力，企圖最終要達成夢想，是慾望的層次。

↑

事成心想：先鎖定夢想和想要的人生版本，然後借助外在系統提高維度，擴大自己的選擇性，通過其中的一種可能性最終實現夢想；也就是說，各種版本已在眼前，你只需決定、聚焦、下載、行動！相較於「心想事成」的慾望層次，「事成心想」是「雲所到之處即是目的地」的更高階層次。

心誠事享：心若坦誠無礙，則事情會自動安排並完成它自己，我們只要隨順享受這股自然之流即可。在這個層次之上完全不需要做計畫，也不需要設任何具體數字的目標、或是和別人競爭比較，你只需完全沉浸其中享受過程，夢想最終會自己自然實現（信任的能量），而且通常比自己處心積慮的計畫與刻意的努力更好（焦慮與不信任的能量）。

其中「誠」是指坦誠、誠實、內與外之間沒有隔閡，放手讓事情完成它自己。相較於前兩個層次，「心誠事享」是無慾無夢、一切早已圓滿俱足、什麼都不必做、草木自己會生長的大圓滿境界。就如同我最近在看的一本好書《臣服實驗》（The Surrender Experiment）提到的概念：「『臣服』這個詞往往讓人聯想到『軟弱』，或是『認輸』、『投降』，然而，靈性上的臣服其實正好相反。它不是向某樣事物屈服，而是有意地放棄一部分的自我。假如你放棄的那個部分對你的成功而言其實是個阻礙，學習臣服就成了一件非常有益的事。臣服意味著放下個人慣性反應[1]，這樣我們才能與生命現在的面貌互動，個人心智和情緒如同收音機裡的靜電干擾，靜電有什麼好的？它只會讓音樂失真而已。反應性想法和情緒也是這樣，它們會扭曲我們理解眼前之事的能力，並因此妨礙我們以最理想的方式面對所處情境的能力。」

所以**慾望與夢想之別**是：慾望就算完成了卻還要更多，夢想是你光想就開心了，是無形且無法評量，重在過程中的感覺，成敗無所謂。若以頻率維度能量來簡單區分：**心想事成是慾望的層次，事成心想是夢想的層次，心誠事享是無慾無夢，一切早已俱足，享受大圓滿的境界，即是高我→全我→平行我)**。

在以十個觀點的篇幅重新審視《祕密》這本書後，相信我們不再被這本書的框架侷限住廣大的創造力，我們將自「正面思考」的緊箍咒中解脫，開始自由創造我們無法預期的人生！

1. 欣頻註：就是放掉限制你的框架和木馬程式。

從現在開始，心未想，事已成

＊每一個體驗都彌足珍貴：得到與失去、成功與失敗、健康與疾病、富裕與貧窮、自由與囚禁、奮鬥與享樂……兩極你都體驗到，這才是人生的圓滿。

＊「心悅誠服、不逃避地全然接納現況」必須要有更高的視點、更廣的關懷、更大的勇氣，並義無反顧地置個人死生於度外。

＊試著分出另一個「同步客觀、旁觀解說我們的生活」的自己，幫助我們隨時覺察到自己的每個念頭、動作、與人溝通的狀態，並隨時自問：我正在幫自己創造什麼？一天後、一週後、一年後會產生怎樣的結果？

＊你可以用什麼方式，讓大多數人可以享有最多的愛、學到更多的智慧？這就是最大格局的人生藍圖。

＊此生你需要學習的課題，早在你的生命藍圖中就已經確立了，並已存在你的DNA之中。

＊如果你是自己的劇作家，要在生命劇本中安排什麼？想要透過這場人生戲學到什麼？想要觀眾、身邊的人領悟到什麼？沒有了無限期的明天，今天的你最想做什麼？

附錄一：

實踐萬有引力的創造法則，向宇宙下訂單的九個步驟！

沒有什麼你不能成為的，沒有什麼你做不到的，你丟出去的心願，就像是向宇宙型錄下訂單似的，很快就會收到回應。（以下灰底字引自Bashar）

第一步：願景（vision）

願景，就是對你所想要的事物有一個圖、構想、願望、夢想。你要聚焦在你要的事物的本質而不是外在。

懷著快樂感恩的心情寫下你的願望吧，因為感恩是來自夢想完成後的頻率帶，處在Being狀態，事成比心想還快。你要非常清楚地看到、感覺到那個畫面的細節，在腦袋裡建成一比一的模型，看到已完成的狀態，彷彿是活在裡面一樣，如此才能從現在完成式的頻率帶，投射路徑到現在這個點上面。

所有的可能性都在眼前了，你只需專注地選擇一個版本，讓它發生。你去選擇一個可能性、見證你的選擇完成，這本身就是生命最棒、最偉大的歷程。

啟動弦理論、創造法則的關鍵取決於你腦袋裡的畫面。夢想就是要在腦袋裡先想出來，才能在現實中被創造出來。如果腦袋裡沒有城堡，手上有再多的積木都沒有用。

第二步：強烈的願望／渴望（desire）

你必須要對你想要的事物有一種強烈的意願與「渴望」，正是這種強烈的情緒才能使能量運行。

你必須要擁有一個任何人都阻擋不了你的熱情，那才是點燃夢想的燃料，而且必須有情緒加進去，才能加速弦的振動頻率。把能量和情緒灌注到願景裡，才會產生更大的動能。

情緒是一個能量波，當我們在以新的方式所思所行，舊的模式就會被新的模式覆蓋掉，腦中的舊神經元因為疏於聯結而失去效能，新的神經元因持續加深聯結，而開始創造新的行為反應——少則連續二十一天，如果能堅持到連續三個月不中斷，那麼新的神經元就可以穩固了。

你的腦神經聯結一旦建立了跟夢想相應的反應模式，就會創造出那樣的頻率，這頻率會像漣漪般擴散，與這頻率相對應的人事物，會自動進到這頻率波中，加大這頻率波的顯化力量與速度！

第三步：信念（belief）

你必須相信你值得擁有它。無論你多麼渴望它，也無論你的願景多麼清晰化，如果你不相信它是可能的，那麼它就不會顯化。所以，去探究你到底相信什麼。找出你這些信念來自哪裡，找出你堅守這些信念的原因，或者你以前一直堅持著這些信念的原因。找出為什麼它們曾對你有用，或者是什麼使你相信了那些信念。然後為自己做出決定，通過想像來創造新的定義，那定義更加代表了你想要的和你真正希望的。

信任是貫徹始終很重要的部分，你要信任眼前來的東西跟你要的東西是有關係的。有些來到你面前的人事物看似不是你想要的，可是它跟你真正想要的事情可能根本就是一樣的，你只要認出它的本質，去發現它就好了。

信念是你維持到底的關鍵，你要相信自己值得。老天生你，讓你與別人的長相不同、生日不同、家庭不同、個性不同……就是要讓你與眾不同。你得找出自己的獨特之處，一定有什麼事只有你才能做，但別人做不來的，你必須要讓這個地球因為有你而不同。你之所以還沒有成為你想像中的樣子，是因為你沒有把現在的自己與未來的自己做連接，還沒找到你獨特的才華、天賦祕密通道。你夢想中的自己跟現在的自己是沒有衝突的，一定有一條路是直達的。

放下焦慮，全然地信任宇宙。雖然你的薪資是有上限的，但你的潛能跟天賦是沒有上限的，本來就可以轉化成金錢。只要你專心把自己喜歡做、擅長做的事情做到最好，不浪費時間精力去「鎖定金錢目標」，通過你獨有的才華就能創造出：取之不盡、用之不竭的財富。想像你要的狀態跟你身上有的東西聯繫起來，看看這兩者的關係，有時候不需要外在的資源你就能完成你的夢想。

第四步：接納（acceptance）

你必須全然接納你自己，全然接納那些新的定義和信念，那些新的定義和信念會使顯化成為可能。

如果你願意全然信任自己的直覺，進而信任外在的世界，你就能開始接受遠超過你頭腦界限的神奇靈感，以及取之不盡、用之不竭的創造流。要接納現實，就是你要活在那個狀態裡面，把這個事情視作是真的。接納現狀是很重要的，所有來到你面前的安排，可能比你自己原來的設定還要好。

前四個步驟，是顯化的「基礎配置」。然後是：一旦你產生了願景，一旦你已經有強烈的願望，一旦你有清晰的信念，一旦你已經完全接納，接下來你需要的是「意向」。你必須有將它顯化出來的「意向」。

第五步：意向（intention）

不是聚焦於「努力」，而是聚焦你的意向，聚焦你的決心。你必須有明確的意向要將它顯化出來，這也被稱為：對你現實顯意識的「令箭」（commandment）。

把能量全部投注在你想要的版本上，千萬不要去想你不要的版本，然後把自己活在已經完成心願的狀態，而且要在全然的喜樂、愛、自由、幸福中去感受「已經滿足」的能量，感覺整個世界、整個宇宙的資源，都在支持你這個心願。只要你讓當下的感覺美好，你就掌握了任何你想要的力量。

不要猶豫、不要懷疑，走在宇宙之前，在夢想還沒有任何跡象之前，你就已經起身去做這件事情了。你意向的強烈力量就會啟動宇宙能量的運轉。

第六步：行動（action）

你必須在行動上就好像已身處在想像的狀態中，你的行為就好像願望已然實現，你必須以「願望已經實現」的那種方式和態度去做那些事情。你必須將所有這些——願景、渴望、信念、接納、意向——導入你的行動之中。如此，你的行為和你的身體語言就會和以前不一樣了，它們代表了你現在聚焦的這個現實，而不是代表你已經不再偏好的那個現實。因為身體語言很能夠表達出你真正相信什麼，你真正相信你能夠做到什麼，你真正相信當下的你是怎樣的。因此，行動很重要！

當你鎖定了自己的目標，你每一分每一秒所有的目光，都專注在與你目標相關的事情上，自然會發現更多的機會出來。在願望之前你就先行動了，Being比Doing更重要，在行動中活出你的狀態，把自己視為是已經完成的狀態，你思考事情的方式都不一樣了，這樣你就會在那個振動頻率裡面。

現在，你已經形成一個強烈而清晰的願景，產生了非常強烈的願望，建立了清晰的定義與信念，你已經完全接納了顯化對於你是真實的，你已經在聚焦你的意向，並將它們反映在你的行動中。然後就是全然地、完全地、確確實實地、絕對地、放掉對結果的任何期望。「容許」是顯化的最後一個步驟——

第七步：容許（allowance）

你必須放掉期望，任其自行運作——完全地、絕對地、無條件地！你正在運用創造宇宙萬物的悖論力量：黑暗與光明，白晝與黑夜，都是對立

的兩極。這兩極必須都要有，你才能夠顯化出任何事物。對於你想要的那些，同時要有絕對強烈地意向和絕對地不期望，這兩極並存就能通向完全地顯化。你需要進入這種平衡狀態，以使顯化毫不費力地呈現。你必須完全放手，完全放任其自行運作，知曉「存在即完美」。一旦你接受了「存在即完美」，存在就會以另一種方式展開，它將更能與你的振動對齊，更能反映出你將自己置身於其中的那種振動頻率。

當你強烈專注在某個人事物上，調好相應的振動頻率後，就要徹底放下（Let go），回到「不動點」之中，就像拉弓到了最緊繃點之後，就要放手射箭是一樣的道理，這個不動點就是空無，它給「未來的一切發生」留下無限的空間。這個「不動點」的「動」，將創造無限，如果你不即時放手隨順流走，就會像一手抓著新的繩索、卻又不肯放掉舊繩索的猴子，卡在兩樹之間哪裡都去不了。

捨得放手，是很大的智慧；要完全放手，讓它自己運行。你一旦接受現狀就是最好的安排，就不會有期望、框架擋在你跟夢想之間，這讓你馬上就進入了夢想已完成的頻率帶。

第八步：鎖定夢想密碼

以電影〈全面啟動〉為例，男主角的陀螺是他夢想版本的圖騰，所以我們也可以幫自己造夢的版本設定一組夢想密碼，可以是圖騰或者是數字，這是你個人專屬的暗碼，每當你在生活中看到它的時候，你就會知道自己正處在夢想的頻率帶裡。因為夢想不是未來的某個定點，而是現在就有沿途閃燈的徵兆；如果你所設的夢想在今天現狀裡沒有任何對應的徵兆，表示這條路的燈都還沒打開，要不就是你又岔錯路了，將來也不會發生。

我們可以幫自己的手機時間設定夢想密碼的數字，每當鬧鐘響起，或是不經意間看到這組數字，就是在提醒我們要聚集於我們想要的夢想版本上，把自己的頻率調整並維持在夢想的頻率帶上，每天持續這樣對焦，夢想才會顯化成真。

第九步：不要公開宣布你的個人目標

德雷克．西弗斯（Derek Sivers）在TED演講中講到：「許多心理測試已經證明，告訴別人你的目標，反而使你的目標不能實現。在你有了目標時，你得按計畫做一些工作來實現這個目標。一般情況下，除非你實際地做一些努力，你才會得到滿足，但當你告訴別人你的目標，而大家也認同你的目標時，你的大腦就會有已經達成目標的感覺。但因為這種滿足感，你反而不會那麼積極地實際去做事情。

一九二六年，社會心理學的創始人庫爾特・勒溫稱這個為「替代」。一九三三年，偉拉馬勒發現當你的目標被別人承認，在你腦子裡就好比這已經實現了。一九八二年，皮特哥爾維策爾關於此寫了一本書，在二〇〇九年，他公布了一些新的實驗證明。比如這個：一百六十三個人進行四組不同測試——每個人寫下他們各自的目標，然後一半實驗者在房間裡宣布他們的目標承諾，另一半人保密目標。接下來每個人有四十五分鐘來工作，他們可以努力工作直至實現他們的目標，但他們在任何時候也可以停下來。那些不洩漏目標的人平均工作了整整四十五分鐘，在這之後的訪問，他們感到為了實現目標還有很長的一段路要走；但是那些宣布目標的人平均工作大約三十三分鐘後就放棄了，當被問及時，他們感到快要接近目標了。

所以我們需要抵制住宣布目標的誘惑，延遲這種社交承認帶來的滿足感，因為腦子會把說了的當成做了的事實來替代。所以對於你尚未實現的目標，還是先保持緘默吧！

如何預言自己的未來？不動聲色地實踐出來就對了，我的行動決定我的未來！

附錄二：好友們的讀後感

好友羅意婷的讀後感

剛剛在書房裡一口氣看完這本新書的初稿，這真是讓人一看就停不下來的好書啊！

妳讓我這個《祕密》的讀者，終於能從心想事不成的挫折迷霧中，恍然明白的找到光源走出來。

我看完的感受是：先從地層表相，被帶著深入探看源頭，而後再由地表層級被拉到宇宙高度，視野提升，一目了然！

看這本書，很興奮也很感動：興奮的是，有許多似是而非的觀點被釐清，當不再刻意去強調所謂的正向思考，而能從二元思維中跳脫時，卻反而讓人內心開始有了祥和而愉快的振動頻率。

感動的是，身為讀者的我，確實能從這本書中，明顯感受到作者真摯無私的分享意圖——原本浩廣龐雜而令人難以理解的資訊，居然能被轉載成如此清晰易懂的文字表述，那字字句句背後所彰顯的，可都是高度解壓縮後的精華啊！

已經可以預見這本書在問市後所帶來的美好漣漪效應，非常期待這本書的上市！

好友王慶玲的讀後感

一收到，就徹夜未睡興奮的看完這本書，已經好久沒有看到一本，句句都是重點、章節都是真理的書了。

是的，我也是《祕密》一書的支持者，也是心想事成的實踐分享者，但我必須誠實地說，在我們人生「心想事成」的過程裡，確實有許多模糊的灰色地帶「其實卡卡」，這些都來自我們多數人無法觸及到有求必應所示現的究竟真理。雖然，我們都曾經感受到：我所想的，好像變成真的了。但大多數最關鍵的時刻，人們還是感覺到，必須要求助比「自身」更大的力量者，並相信與求助於這些與祈禱相關所衍生的各種心靈儀式與信仰。

當我看著這本書時，心中非常的讚嘆與感動，是一個來自何等奉獻的靈魂，在大量深度閱讀所有博大精深的顯化書籍寶典，同時用自身在生命中宏觀的覺察，才能領悟到如此透徹又清楚的顯化之道呢？對於普世裡許多人知道《祕密》，卻不一定能分享，也就更不一定真正懂得其中的奧祕之處；原因似乎是每一人用他所理解的祕密來理解著宇宙大祕密。

當看完十個章節後，我是喜極而泣的，因為這本書太重要了！已經有那麼棒的指路人，為每一個靈魂更高的生命藍圖指引出正確的方向，我們不再需要繞道求證著自以為的目標，而是欣頻書中所言可以用什麼方式，讓大多數人可以享有最多的愛、學到更多的智慧？這就是最大格局的人生藍圖。

我知道我的人生又將可以更真實的與當下合而為一，而求取之心早已進入了轉化，得到了更多大愛的視野了。我與先生孩子都將因此書而得到最珍貴的生命禮物，以及我將分享給所有我所遇見的每一個人！謝謝欣頻為我們的生命，總是帶來最光亮的指引，一直都是。

國家圖書館出版品預行編目資料

心誠事享 / 李欣頻著.--初版.--臺北市：平安文化.
2018.08
面；公分（平安叢書；第0603種）（UPWARD；89）

ISBN 978-986-96416-9-2（平裝）

1.成功法　2.吸引力

177.2　　107012024

平安叢書第0603種
UPWARD 089
心誠事享

作　　者—李欣頻
發 行 人—平雲
出版發行—平安文化有限公司
台北市敦化北路120巷50號
電話◎02-27168888
郵撥帳號◎18420815號
皇冠出版社(香港)有限公司
香港銅鑼灣道180號百樂商業中心
19字樓1903室
電話◎2529-1778　傳真◎2527-0904
出版主管—許婷婷
責任編輯—張懿祥
美術設計—嚴昱琳
著作完成日期—2018年06月
初版一刷日期—2018年08月
初版七刷日期—2022年3月
法律顧問—王惠光律師
有著作權・翻印必究
如有破損或裝訂錯誤，請寄回本社更換
讀者服務傳真專線◎02-27150507
電腦編號◎425089
ISBN◎978-986-96416-9-2
Printed in Taiwan
本書定價◎新台幣280元/港幣93元

※舊版《為何心想事不成》熱銷11刷！
新版《心誠事享》熱銷7刷！

• 皇冠讀樂網：www.crown.com.tw
• 皇冠Facebook：www.facebook.com/crownbook
• 皇冠Instagram：www.instagram.com/crownbook1954
• 小王子的編輯夢：crownbook.pixnet.net/blog